AF525448

Liebes- und Heftromane schreiben

Anna Basener

Liebes- und Heftromane schreiben

Wie Sie erfolgreiche Liebesromane schreiben, überarbeiten und Buchverlage dafür begeistern

Autorenhaus

Bitte besuchen Sie auch www.Autorenhaus.de

Die Deutsche Nationalbibliothek verzeichnet diese Publikation in der Deutschen Nationalbibliografie; detaillierte bibliografische Daten sind im Internet unter www.dnb.de abrufbar.

Coverfoto: Adobe Stock
Buchdesign: Sigrun Bönold

Originalausgabe
ISBN 978-3-86671-154-9

Umwelthinweis: Dieses Buch wurde auf chlor- und säurefreiem Papier gedruckt.
Druck und Bindung: CPI, Leck
Printed in Germany

Inhalt

III. *Wie?*

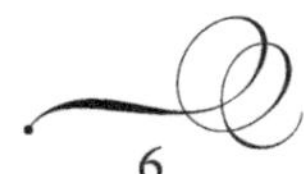

1. *Warum?*

Mitreissende Einleitung über die Notwendigkeit dieses Buchs

Erzählt man anderen Menschen, dass man Liebes- oder Heftromane schreibt, bekommt man meistens eine dieser beiden Reaktionen zu hören: Warum schreibst du nichts Richtiges? Oder: Das wollte ich auch mal machen! Beide Echos zeugen von einer Gesellschaft, deren Bild vom Liebesroman leicht verschoben ist. Wenn ein Romanheft die »falsche« Literatur ist, was wäre denn die »richtige«?

Zumindest scheint ein Liebesroman im Heftromanformat ein Machwerk zu sein, von dem viele glauben, sie könnten sich auch mal daran versuchen. Man trifft auf diverse ambitionierte Autoren in spe. Das ist Potenzial und ist großartig, so lange es nicht daher rührt, dass diese Anwärter auf Autorenschaft den Liebesroman für etwas halten, das jeder schreiben kann. Genau das scheinen viele aber zu denken: So ein Heftchen ist schnell verdientes Geld, es ist flugs runtergeschrieben und bedarf keines besonderen Talents oder gar einer Ausbildung seitens des Autors. Wäre das der Fall, bedürfte es dieses Ratgebers nicht und alles zum Thema *Liebes- und Heftromane schreiben und veröffentlichen* wäre bereits gesagt.

Allein in den Redaktionen der Heftromanverlage gehen täglich unverlangt eingesandte Manuskripte ein, die beweisen, dass dem nicht so ist. Es reicht nicht, »einfach mal ein bisschen drauf loszuschreiben«. Es gibt Normen für einen Heftroman, Kriterien und Merkmale, an denen man festmachen kann, was ein Heftroman ist – leider handelte es sich hierbei bisher mehr um ungeschriebene Regeln, als einen anwendbaren Leitfaden. Mehr als ein ambitionierter Nachwuchsautor scheiterte an der Tatsache, dass es keinerlei Hilfestellung gab. Es gab keinen Kriterienkatalog.

Heftromanredakteure sind keine Poetikdozenten, sie können kaum mehr tun, als kleine Hinweise dazu geben, wie ein Heftroman formell auszusehen hat. Sie werden für anderes bezahlt.

Ein Heftroman schreibt sich nicht von selbst. Diese Lektüre zu verfassen, ist Arbeit und als solche erlernbar. Selbstverständlich kann nicht jeder alles lernen. Jede Profession setzt Anlagen bei denen voraus, die sie ausüben. So ist es auch beim Heftroman, auch hier ist Talent gefragt. Seien Sie gewiss, dass dieser Ratgeber Ihnen das Schreiben eines Liebesromans nur dann nahebringen kann, wenn Sie gut und gern schreiben. Vielleicht wissen Sie noch nicht, ob Sie gut schreiben, aber so lange Sie es gern tun, sind Sie hier richtig. Ein Liebesroman ist ideal, um herauszufinden, ob man gut ist – und um genau das unter Beweis zu stellen.

Die zwei deutschen Heftromanverlage *Bastei* und *Kelter* veröffentlichen wöchentlich alleine 25 Liebesheftromane. Das sind 100 Liebesromane im Monat, 1200 Groschenheftchen im Jahr. Darüber hinaus erscheinen wöchentlich etwa 20 bis 30 Spannungsromane in den oben genannten Verlagen und auch bei Pabel Moewig. Diese Gattung unterscheidet sich jedoch maßgeblich von den Liebesromanen und ist in sich stark diffe-

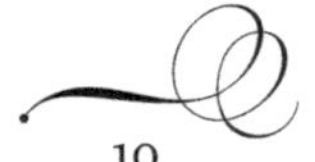

renziert; es wäre schon fraglich, ob eine einzige Schreibschule für Krimi, Fantasy und Western ausreichte.

Bleiben wir also bei den jährlich 2000 Liebesheftromanen. Bei dieser Menge vermuten Sie zurecht, dass Bedarf an neuen Schreibern besteht. Die Heftromanbranche braucht frische und auch jüngere Liebesromanautoren. Das Interesse an Nachwuchs ist groß, aber den Redakteuren bleibt keine Zeit, potenzielle Schreiber auszubilden. Unverlangt eingesandte Manuskripte, die vielleicht nicht mal schlecht, nur eben nicht gut genug sind, gehen an den Autor zurück. Aus den Standardabsagen des Verlags kann niemand lernen, Talente können kaum gefördert werden.

Genau da setzt dieser Ratgeber ein. Bevor es aber um das Schreiben geht, werden Sie in Kapitel II Informationen zum Produkt Heftroman, seinen Besonderheiten so wie seinen Stärken und Schwächen finden. Das Kernstück dieses Ratgebers ist die Schreibschule des dritten Kapitels. 25 Regeln leiten Sie zum Schreiben von romantischen Heftromanen an und bilden so einen Kriterienkatalog. Was macht einen Heftroman inhaltlich aus? Wie konzipiere und schreibe ich eine Romanze für einen Heftroman? Diese Regeln mögen auf den ersten Blick wie ein starres Korsett erscheinen, das dem Liebesheftroman als Literaturform nicht ermöglicht sich weiterzuentwickeln. Tatsächlich geht es beim Heftroman auch weniger um Progressivität, als darum mit wenig Mitteln viele Geschichten zu erzählen. Und die Schreibregeln sichern den Heftchen genau das, möglichst viel Spannung bei geringem Aufwand. Das heißt nicht, dass es keine Mühe kostet, die Regeln zu verstehen und ihre Anwendung zu erlernen. Aber wenn Sie die vorgestellten Mittel einmal beherrschen, dann können Sie mit verhältnismäßig wenig Anstrengung innerhalb weniger Tage einen Liebesroman schreiben.

Nachdem Sie in Kapitel III gelernt haben, wie man einen Heftroman schreibt, erfahren Sie in IV, wie Sie Ihre Romane zur Veröffentlichung bringen. Wie wendet man sich an einen Verlag, was ist ratsam, was sollte auf jeden Fall vermieden werden? Abschließend finden Sie in Kapitel V noch einige Beispiele zu dem Arbeitsprozess eines Heftromans des Genres Adel. Durch Exposé, Personenregister, Treatment und einem Auszug aus dem Roman *Bin ich deine Liebe wert?* bekommen Sie Einsicht in die Werkstatt eines Heftromans. Während Sie natürlich jederzeit die Endergebnisse des Schreibprozesses bei Ihrem Zeitschriftenhändler erstehen können, erhalten Sie am Ende dieses Buches einen exklusiven Einblick in den Weg zum Heftroman *Bin ich deine Liebe wert?*.

Romanheftautoren sind primär Dienstleister. Sie sind Literaturhandwerker, die einen Werkzeugkasten für das Schreiben brauchen. Der Teil des Verfassens von Texten, den man lernen kann, hat in der Heftromanbranche Vorrang. Im Trivialliteraturbetrieb ist nicht der Autor gefragt, sondern sein Text. Es geht nicht um Persönlichkeiten, sondern um das Werk. Hier muss der Autor einfach nur schreiben, liefern, wieder schreiben und liefern. Deshalb richtet sich dieses Buch an diejenigen, die nicht ihre eigene Medienpersönlichkeit, sondern einen Text zum Markt tragen wollen. Und an Heftromanautoren, die besser werden wollen und solche, die einfach interessiert, was hinter den 64 Seiten Roman vom Zeitschriftenhändler ihres Vertrauens steckt.

Dieses Buch spricht von Lektoren, Autoren und Lesern im generischen Maskulinum, denn es spielt keine Rolle, ob die-

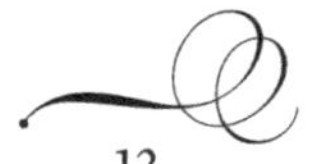

jenigen in den genannten Funktionen weiblichen oder männlichen Geschlechts sind. Außerdem ist im Folgenden immer der Liebesheftroman gemeint, auch wenn von Romanze oder schlicht Roman die Rede ist. Dieses Buch erklärt den Liebesroman anhand von Heftromanregeln. Zum Einen, weil ich als Autorin aus diesem Bereich komme. Vor allem aber ist das Regelwerk der Hefte die beste Schule, durch die ein Autor gehen kann. Liebesromane in Buchform unterliegen hier und da weniger strengen Regeln. Das mag Sie als Autor später etwas freier machen, sollten Sie romantische Bücher schreiben wollen. Für eine »Schreibschule« aber ist die Taschenbuch-Romanze nicht exemplarisch genug. Der Heftroman hingegen ist in seiner Klarheit ideal. Ich kenne kaum Heftromanautoren, die nicht auch Bücher schreiben – und ich habe als Lektorin viele von ihnen betreut. Schreiben fällt diesen Texthandwerkern unfassbar leicht, und der Schritt vom Heftroman zum Buch ist kurz, wenn man Ersteres beherrscht.

II. *Was?*

Zu Herzen gehendes Kapitel über den Liebes- und Heftroman im Allgemeinen

Das sogenannte Groschenheft hat ein schlechtes Image, ist billige Trivialliteratur, die kaum noch in der Öffentlichkeit gelesen wird – die scheinbar von überhaupt niemandem gelesen wird. Die Verkaufszahlen beweisen, dass ein einzelner Heftroman auf mehr definitive Leser kommt, als zum Beispiel dieser Ratgeber mit seiner ganzen ersten Auflage überhaupt Käufer erreichen könnte. Von der Auflage eines solchen Heftes ganz zu schweigen. Und dennoch: Wer gibt schon zu, dass er Groschenromane liest? Das ist doch Schund. Der Deutsche liebt sein Buch, seine Hefte liebt er nicht. Er weiß nicht mal, was das ist, ein Romanheft. Natürlich werden die meisten Menschen treffsicher die Unterscheidungsmerkmale zwischen einem Buch und einem Romanheft aufzeigen können. Zumindest die, die oberflächlich ins Auge stechen. Das eine ist ein schmales Heftchen auf dünnem Umweltpapier, das andere mindestens das klebegebundene Werk eines Schriftstellers. Eine Negativdefinition bekommt die Öffentlichkeit allerdings immer zusammen. Sie weiß, was so ein Heft nicht ist. Komplex oder anspruchsvoll wären zum Beispiel Attribute, die man dem Romanheft abspricht.

Ein Heftroman ist tatsächlich weniger komplex als Manns *Zauberberg* und auch weniger anspruchsvoll, aber deswegen nicht per se anspruchslos. Vor allem aber ist es durch diese Tatsache noch lange nicht definiert.

Was ist ein Romanheft, was will es sein? Gibt es vielleicht Unterscheidungsmerkmale, in denen diese Sparte der Trivialliteratur die Nase vorn hat? Dieses Kapitel widmet sich der Frage nach einer Definition, der Herausstellung von Attributen, die den Heftroman beschreiben und nicht bewerten. Wenn Sie ein Romanheft schreiben wollen, müssen Sie primär wissen, was es ist, nicht, was es nicht ist.

Ein Heftroman unterliegt einem strengen und sehr dominanten Produktionsprozess, der das Produkt letztendlich definiert. Nicht die Vorlieben der Autoren oder der Redakteure bestimmen den Inhalt, sondern vor allem die Maschine »trivialliterarischer Betrieb«. Man kann diese Heftchen nicht begreifen oder schreiben, wenn man nicht weiß, warum sie so sind, wie sie sind. Und der Weg zu einer Antwort auf diese Frage ist der über die Produktionsstraße des Romanhefts.

Dieses Kapitel wird den Produktionsprozess eines Heftromans Schritt für Schritt vorstellen und so das Fundament setzen, das Sie zu einem guten Heftromanautor macht.

1. Das Werk

Der Heftroman ist die günstige Lektüre vom Zeitschriftenhändler, ein Roman vom Kiosk. Eine Geschichte, erzählt in etwa 25 000 Worten, die nicht für den Buchhandel produziert wird. Sie ist günstig zu haben (1,90 Euro) und durch große Schrift, viele Absätze und zweispaltigen Satz leicht zu lesen.

Der einzelne Heftroman ist eingebettet in eine Reihe oder Serie. Nicht das einzelne Heft ist hier das Werk, sondern der Kontext. Die übergeordneten Zusammenhänge erlangen Werkcharakter, das einzelne Produkt löst sich auf. Der Heftroman ist einer von vielen und wird schon eine Woche später von seinem Nachfolger verdrängt werden. Der einzelne Titel und sein Autor bleiben hinter der Reihe zurück. Ein Heftromanverlag publiziert keine Einzelwerke, geschweige denn Autoren, er publiziert Romanreihen – jede Woche ein Heft.

Ein Heftroman ist kurzlebige, kurzweilige und kostengünstige Unterhaltung, und das »in Serie«. Es kann nicht für sich stehen und damit nicht zur Weltliteratur aufsteigen, aber es erfüllt Unterhaltungserwartungen zu einem günstigen Preis. Als regelmäßig erscheinende Publikation begleitet es seine Leser Woche für Woche (oder vierzehntägig) durch den Alltag.

2. Das Romanheft und die Liebe

Das Leben ist zu anstrengend und problembelastet, um die kostbare Freizeit auch noch mit deprimierender Lektüre zu verbringen. Diesem Credo folgen die Liebesromane des Trivialliteraturbetriebs, die sich dieser Ratgeber zum Gegenstand gemacht hat. Nichtsdestotrotz gibt es auch den zweiten Bereich, den der Spannungsromane, der wenigstens kurz vorgestellt werden sollte.

Der Heftroman teilt sich in zwei Gattungen: Liebe und Spannung. Umgangssprachlich wird auch in Frauen- und Männerromane unterschieden. Sinnvoller aber ist die thematische Differenzierung. Es kann nicht Ziel des Verlags sein, die Hälfte aller potenziellen Leser bereits redaktionell auszuschließen. Der Leser selbst kann sich einem Thema zuordnen und nach seinen Interessen Hefte kaufen. Es nützt einem Liebesromanautor darüber hinaus sehr wenig, zu wissen, dass er für Frauen oder eben nicht für Männer schreibt. Ein guter Liebesroman voller emotionaler Momente mit garantiertem Happy End mag mehr Frauen als Männer interessieren, aber deshalb bleibt das Ziel trotzdem, einen guten emotionalen Liebesroman mit Happy End zu schreiben und nicht, einen »Frauenroman« zu verfassen. Von zentraler Bedeutung ist, was Sie als Autor liefern müssen und wie Sie es anzustellen haben.

In einem Heftromanverlag würde der Begriff der Gattung in Bezug auf die Unterscheidung von Liebe und Spannung nicht fallen. Ein Verlag differenziert pragmatischer in Abteilungen, in der einen behandeln Redakteure Liebes-, in der anderen Spannungsromane. Heute sind solche Abteilungen meistens zusammengelegt worden, dennoch behandelt nicht ein Redakteur gleichzeitig Liebes- und Spannungsromane. Poetologisch betrachtet ist die Unterscheidung in Abteilungen ungenau und irreführend. Für den Heftromanautor habe ich deshalb den literaturwissenschaftlichen Begriff der Gattung herangezogen. Gemeint ist in diesem Fall lediglich die Differenzierung zwischen Liebe und Spannung im Bereich Heftroman.

Der Fokus des Ratgebers liegt auf Liebesromanen, die einer deutlicheren und genreübergreifenden Reglementierung unterliegen: Ob Adel-, Arzt- oder Heimatgenre, der Aufbau der Liebesgeschichte ist der gleiche.

Spannungsserien wie Jerry Cotton, John Sinclair und Maddrax bedürften jede für sich eines einzelnen Leitfadens. Im Liebesroman lassen sich hingegen sehr ähnliche Strukturen für alle Genres ausmachen. Die Begriffe Spannung und Liebe sind zur Unterscheidung beider Gattungen ein wenig irreführend. Spannung meint für Jerry Cotton und Co. das Austragen lebensbedrohlicher Konflikte. Der Liebesroman hingegen widmet sich weniger existenziellen Problemen, bedarf aber nichtsdestotrotz eines Spannungsbogens und einer mitreißenden Geschichte. Im Folgenden wird der Spannungsroman immer explizit als solcher erwähnt werden, sollte dies nicht der Fall sein, ist die Gattung Liebe gemeint.

Der Leser findet in jedem Liebesroman die Geschichte von mindestens einer großen, glücklichen Liebe. Mindestens ein Paar findet zueinander und verspricht sich im Happy End ewige Treue.

Ob Arzt, Adel, Heimat, Mutter & Kind oder andere, der Liebesroman hat eine starke, unumstrittene Heldin: die Liebe. Ihr gegenüber steht die Erzfeindin: die Vernunft. Diese wird der Liebe einige Probleme bereiten, ihre Antagonistin ins Schleu-

dern bringen, die Liebenden an ihren tiefen Gefühlen zweifeln lassen – und am Ende besiegt werden. Die Vernunft ist, über kurz oder lang, der Liebe unterlegen. Bis dahin säumen Missverständnisse, Hass, gesellschaftliche Konventionen und Schicksalsschläge den Weg des jungen Paares, das sich sein glückliches Ende erst verdienen muss.

Das Genre Romantasy (Romantic Fantasy) oder Romantic Thriller ist, wie der Name schon erahnen lässt, ebenfalls ein Liebesroman – aber ein Sonderfall: Die Genremerkmale Fantasy bzw. Thriller sind mitunter dominanter als der Plot der Liebesgeschichte. Hier kann die Verlieben-Konflikt-Lösung-Dramaturgie nicht auf jeden Roman angewandt werden. Manchmal bezieht die Geschichte ihre Spannung auch komplett aus der Konfrontation der Figuren mit mystisch-fantastischen oder bedrohlichen Vorgängen. Das Romantische darf aber dennoch nicht vollends außen vor gelassen werden.

Vorbilder der Liebesheftromane sind Marlitt, Hedwig Courths-Mahler und Konsalik. Es wird dramatisch, aber nie zu tragisch, es wird geweint und geküsst – und vor allem: gefühlt. Der Liebesheftroman ist der Inbegriff des Kitsches und er ist es gern. Aber er ist auch die Geschichte von jungen Menschen, die erwachsen werden, die mit dem richtigen Partner auch sich selbst finden, die Fehler ausbügeln und Verantwortung übernehmen. Politisch und moralisch korrekte Helden, die jeden Leser unmissverständlich auf ihre Seite ziehen. Liebesheftromane pflegen ein Millionenpublikum, weil sie unter Garantie gut ausgehen.

3. Die Reihe und die Serie

Heftromane werden in zwei inhaltlichen Formen produziert. Sie sind entweder Reihen oder Serien und erscheinen wöchentlich oder vierzehntägig. Ihr Vertriebsweg ist, wie schon erwähnt, der der Zeitschriften und nicht der eines Buchs. Während man ein Buch nach Inhalt oder Autor aussucht und bestellen kann, kauft der Heftromanleser primär eine bestimmte Reihe oder Serie, diese Woche den Roman eines anderen Autors als nächste, je nachdem, was beim Zeitschriftenhändler vorliegt. Nachbestellen ist schwer möglich, zumindest nicht beim Zeitschriftenhändler selbst. Die Aufmerksamkeit der Redaktion richtet sich also auf eine ganze Reihe/Serie. Es geht weniger darum, wie das einzelne Heft wirkt, als darum, wie sich die ganze Reihe/Serie präsentiert.

Eine Reihe bietet dem Leser im Unterschied zur Serie jede Woche einen neuen Roman mit neuen Figuren und Schauplätzen. Die Reihe *Alpengold* ist ein vierzehntägig erscheinender Heimatroman, der Ausgabe für Ausgabe eine neue Romanze aus den österreichischen oder bayerischen Bergen erzählt. Er thematisiert idyllisches Dorfleben und definiert Heft für Heft den Begriff der Heimat als etwas Beschauliches, Ursprüngliches und Tradiertes. Hier verliebt sich jede Woche ein anderes junges Paar ineinander. Ähnlich funktioniert die Reihe *Fürstenkrone*, die von der Liebe der Oberschicht erzählt und Glamour sowie Reichtum garantiert.

Im Unterschied zur Reihe hat die Heftroman-Serie ein Stammpersonal. Jedes Heft erzählt die Geschichte einer oder mehrerer Figuren, die durch ein Serienexposé bestimmt und festgelegt werden. Hier finden sich Charakterzüge, Aussehen und Hobbys der Figuren so wie die Beziehungen untereinander. *Dr. Stefan Frank* und der *Bergpfarrer* konfrontieren sich wöchentlich mit Liebe und Leid und geben ihrer Serie den Titel. Das Stammpersonal kann bis zu 50 Figuren umfassen. *Dr. Andrea Bergen* arbeitet in einem Krankenhaus mit großer Belegschaft, die sich bis ins letzte Detail im Serienexposé findet. Vorkommen muss im einzelnen Roman aber jeweils nur ein Bruchteil der möglichen Charaktere: die Hauptfiguren. Nebenfiguren werden bei Bedarf hinzugezogen.

Die Heftroman-Serie lässt sich weiter in zirkuläre und progressive Serien unterteilen. Einfacher zu produzieren sind die **zirkulären Serien**, deren Figuren zu Beginn des Romans dort stehen, wo sie auch am Ende stehen werden. *Dr. Andrea Bergens* Hund stirbt und irgendwann im Laufe von 2000 Romanen hat sich *Dr. Stefan Frank* auch mal verliebt, aber das ist dann etwas Besonderes. Diese Figuren ändern mit viel Mut und Engagement das Leben des Gastpersonals ihrer Serie, nicht ihr eigenes. Selten passiert ihnen etwas, das ins Serienexposé eingetragen und von allen Autoren bedacht werden muss.

Mehr redaktionellen Aufwand erfordern **progressive Serien**. Sie haben neben dem Stammpersonal eine sich ständig weiterentwickelnde Geschichte. Quereinsteiger – sowohl Autoren als auch Leser – haben hier einiges aufzuholen. Jeder einzelne Roman kann für die gesamte Serie alles verändern, ständig entwickeln sich Figuren weiter oder sterben und der Entwurf jedes einzelnen Romans ist wichtig für das Serienkonzept.

Autoren von zirkulären Serien oder auch von Reihen kennen die Anforderungen, ohne alle Vorgängerromane gelesen zu haben. Ob man sich die letzten *Bergdoktor*-Ausgaben

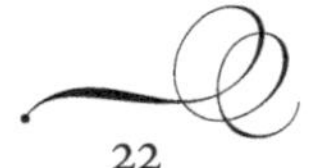

zu Gemüte geführt hat oder nicht, macht keinen Unterschied, die Serie ist auf dem gleichen Stand. In der progressiven Serie *Schloss Barrimore* verlieben sich hingegen auch die Hauptfiguren aus dem Stammpersonal und es ist für den nächsten Roman von entscheidender Bedeutung, wo zum Beispiel die Beziehung der Tochter des Hauses steht. Im Falle dieser vierzehntägigen Serie wird die Kontinuität durch eine einzelne Autorin gesichert. Im Spannungsromanbereich sind die progressiven Serien nicht selten sehr viel komplexer und es bedarf zweimal im Jahr einer mehrstündigen Autorenkonferenz, um alle Schreiber auf den gleichen Stand zu bringen und die Basis für die weiteren Romane zu legen.

4. Der Redakteur

Die Aufgabe eines Redakteurs ist die Betreuung einer oder mehrerer Serien bzw. Reihen. Der Redakteur oder auch Lektor plant, redigiert und korrigiert, trifft in Rücksprache mit der gesamten Redaktion Entscheidungen und konzipiert neue Produkte. Aus der Sicht des Autors ist er die Schnittstelle zum Verlag. Der Roman, den Sie schreiben, muss dem Lektor gefallen, auf dessen Schreibtisch er landet. Der Redakteur bewacht die Grenzen des Heftromans und setzt seine Regeln durch. Er hat somit mehr Freiheiten und vor allem mehr Macht als die einzelnen Autoren. Er ist es, der einer Reihe/Serie mit verschiedenen Autoren, eine Richtung geben kann und muss. Der Lektor entscheidet über das, was seinen Produkten gemein sein muss und worin sie sich unterscheiden dürfen. Er muss sich Vorstellungen von den Publikumserwartungen machen und diese in seinen Heften durchsetzen.

5. Die Autoren

Viele Heftromanautoren leben von Romanheften und sind abhängig davon, für zwei bis drei Reihen/Serien je einen Roman pro Monat zu schreiben. Andere wiederum möchten nur hin und wieder etwas beitragen. Dem Verlag ist beides recht. Er wird entweder Aufträge vergeben oder einplanen, was angeboten wurde. Je nach Reihe, Serie oder auch Verlag erwartet die Redaktion, dass der Autor auf sie zukommt und einen Roman anbietet oder macht selbst den ersten Schritt. Das hängt von vielen Faktoren ab, über die man sich als neuer Autor aber noch weniger Gedanken machen muss. Als Profi kann man entweder ein fertiges Produkt einreichen oder man erhält einen Auftrag für einen konkreten Roman – dazu später mehr.

Trotz aller Reglementierung, über die Sie in Kapitel III mehr erfahren werden, schreiben einige Autoren sachlicher, andere bildlicher, brauchen einige viel Zeit, andere eine Woche. Es gibt auch sogenannte Alleskönner, die schreiben im Notfall für jede Reihe/Serie und brauchen dafür weniger als eine Woche. Diese

Zeitersparnis kann bei Autorenausfall notwendig sein, rächt sich aber in der Qualität. Der Verlag muss wöchentlich liefern und kann nicht immer auf ein besseres Manuskript ausweichen.

Heftromane werden unter Pseudonymen veröffentlicht. Der Autor hat wenig Autorität und wird die korrigierte Version seines Textes nicht mal mehr zu Gesicht bekommen, geschweige denn, dass er Änderungen absegnen darf. Die eigentliche Autorität liegt beim Lektor und der Künstlername ist Teil der jeweiligen Reihe/Serie. Ein Pseudonym wird der Reglementierung und eingeschränkten kreativen Freiheit des Autors mehr gerecht, als ein Heftroman unter eigenem Namen.

Selbst in Serien, in denen ein Pseudonym nicht zwingend notwendig ist, greifen Autoren gern darauf zurück und lassen ihr Alias Teil einer Selbstinszenierung sein. Das kommt zum Beispiel in bestimmten Szenen vor, in denen man gern Spannungsromane liest oder schreibt (Science Fiction, Fantasy). Liebesromanautoren verschwinden meistens hinter Namen, die zu der Zeit, als sie zu schreiben begannen, einen schönen Klang hatten.

Der *Bergdoktor* wird von Andreas Kufsteiner geschrieben. Der ist zwar keine Figur der Serie selbst, aber eben eine, die den Schein wahrt, der *Bergdoktor* sei von einem einzelnen Autor geschrieben. Der »Autor« ist Teil der Inszenierung um Dr. Martin Burger und lässt viel Spielraum für Spekulationen. Kufsteiner kommt vielleicht selbst aus Tirol, kennt dort vielleicht einen Bergdoktor, der Burger ähnlich ist … In jedem Fall ist das Bild von Kufsteiner das eines einzelnen österreichischen Mannes und nicht das von vielen, über ganz Deutschland verstreuten Autoren. Adelsromane folgen einem ähnlichen Prinzip, wenn auf einem Heft als Autorin nicht *Margot Schneider*, son-

dern *Marie Cardine* steht. Es geht um ein stimmiges Gesamtbild und nicht darum, einen Urheber herauszustellen.

6. Die Titel

Wenn man im Heftromanbetrieb vom Titel spricht, spricht man von der Überschrift eines neuen Romans. Gemeint ist hier nicht, wie im Buchwesen, das einzelne Produkt als solches. Diese Überschrift wird spätestens dann formuliert und festgelegt, wenn ein Romanheft eingeplant wird.

In einem vierwöchigen Rhythmus plant der Redakteur seine nächsten Hefte ein. Einmal im Monat werden die Weichen für vier/zwei weitere Ausgaben jeder Reihe/Serie gestellt. Hierfür werden nun Überschriften gebraucht. Der Redakteur formuliert Titel für Manuskripte, die er vorliegen hat, für Exposés, die ihm vorgeschlagen wurden, oder einfach nur eine Überschrift für einen Roman, der geschrieben werden soll. Wie schon erwähnt hängt es von vielen Faktoren ab, welcher Weg in welchem Fall genommen wird.

Beim Erstellen der Titel wird außerdem berücksichtigt, welche Themen in den vorangegangen Einplanungsphasen behandelt wurden, schließlich darf nicht jeden Monat ein Rosenschloss die Kulisse eines Fürstenromans sein und ein Edelweiß in einem Heimatromantitel vorkommen. Alles war schon einmal da. Ein vollkommen neuer Titel ist im Roman-

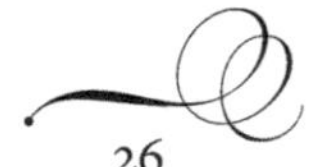

heftbereich eine Illusion. Man muss nur dafür sorgen, dass sich augenscheinliche Wiederholungen in größtmöglichem Abstand ereignen.

Ein Romanhefttitel ist nicht selten auch der Anfang eines Heftromans überhaupt. Romanheftautoren sind auch Auftragsschreiber. Sie können nicht immer frei entscheiden, was sie in ihrem nächsten Roman wie machen wollen. Oft schränkt eine Titelvorgabe ihre Freiheiten ein. Sie bekommen einen Auftrag und müssen binnen weniger Wochen ein Manuskript abliefern. Dafür erhält ein Autor einige Informationen zum Titelbild und vielleicht den Vorstellungen des Redakteurs. In progressiven Serien muss man anders planen, als in Reihen, aber auch im Falle einer Reihe mit in sich abgeschlossenen Einzelromanen werden gern Aufträge vergeben.

Neue Autoren aber werden immer erst eingeplant, wenn ihr Roman bereits eingegangen und korrigiert ist. Als Anfänger bekommt man erst einmal keine Aufträge oder muss unter Zeitdruck binnen drei Wochen etwas abliefern.

7. Die Bilder

Stehen die vier nächsten Titel der Reihe/Serie fest, werden passende Titelbilder ausgewählt. Fotografien für die Titelbilder hat ein Verlag in einem Archiv vorrätig oder er kauft sie nach Bedarf bei Agenturen ein. Für einige Reihen wird auch gemalt und entsprechende Aufträge an Graphiker vergeben. Die klassischen Liebesromangenres aber schmücken sich mit Fotografien.

Auf den Bildern befinden sich immer Personen in emotionalen Situationen, die mit dem Inhalt des Heftes, mehr noch mit dem Titel zu tun haben sollen. Der Leser soll sich von den Figuren während der Lektüre allerdings selbst ein Bild machen und ganz auf eigene Vorstellungen verlassen können. So sollte die Haarfarbe der Heldin auf dem Titel mit der der Heldin des Romans übereinstimmen, sich ihr Kleid vielleicht im Heft wiederfinden, aber die komplette Physiognomie des Models darf nicht explizit auf die Heldin übergehen, da der Leser sich eigene Bilder zu seiner Lektüre machen soll. Es muss Raum für Vorstellungen bleiben. Ist der Roman bereits geschrieben, muss man zu bestehenden Figuren passende Bilder heraussuchen. Soll erst noch ein Auftrag vergeben werden, besteht die Möglichkeit, dem Autor mitzuteilen, welche Haar- und Augenfarbe die Figuren auf den Bildern haben.

Die Bildauswahl ist ein wichtiger Teil der Preispolitik. Der Heftroman will erschwinglich sein, jeder soll sich diese Lektüre leisten können, Woche für Woche. Damit sich ein solches Produkt rechnet, muss der Verlag die Waage zwischen der günstigsten Titelbildlösung und dem individuellen Stil der einzelnen Serie bzw. Reihe halten.

Ein Bildarchiv, das ständig erweitert werden muss, um die nötige Auswahl zu gewährleisten, hat seinen Preis. Jedes einzelne Bild wird eingekauft. Der Verlag hat dann alle Verwertungsrechte an diesem Bild. Das kostet und manchmal wird ein Foto nie gedruckt. Andere Bilder finden dafür ihren Weg in angemessenem Abstand öfter auf die Titelseiten.

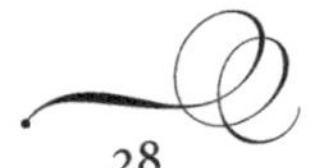

Für Heftromane produzieren Fotografen ganze Bilderserien. Das gewährleistet eine größtmögliche Auswahl an Motiven und Szenenbildern. Für einen Fotografen lohnt sich eine solche Produktion nur, wenn er mit vier bis fünf Models, mehreren Outfits und einer vielseitigen Kulisse einen Tag lang hunderte Bilder macht.

Leider hält auch ein noch so großes Archiv nicht immer Bilder, die zu dem Titel oder dem bereits fertigen Roman passen und auch noch neueren Datums sind, bereit. Außerdem entstehen bei Fotoproduktionen zwar hunderte Bilder, aber darauf sind bei nur vier Models die immer gleichen Paare zu sehen. Früher oder später geht der Redakteur Kompromisse ein. Er kann nicht schon wieder die blondgelockte Frau mit dem Diadem abbilden, die es schon in den Monaten vorher auf den Heften zu sehen gab. In einer etwas älteren Produktion ist dann vielleicht kein zum Titel passendes Bild dabei und der Redakteur greift zu sehr alten Bildern, manchmal Exemplare aus den Neunziger Jahren. So entsteht nicht ganz gewollt der etwas trashige Charme der Liebesromane. Auch die Tatsache, dass ein Heftroman selbst für sein Titelbild nicht die Möglichkeiten der Vogue hat, die mit Hochglanzbildern brillieren kann, trägt dazu bei.

8. Der Entwurf

Der Entwurf eines Romans ist das Exposé. Es ist nicht für jeden Verlag oder Redakteur gleich wichtig. Während einige nur das Endprodukt bewerten, egal ob es ein Exposé gab oder wie gut das war, planen andere nur ein, was sie vorher im Entwurfsstadium gesehen haben. Der Autor stellt in seinem Exposé seine Figuren, den Konflikt und dessen Lösung vor. Er entwirft den Spannungsbogen und vermittelt damit erstens einen Eindruck davon, worum es geht. Zweitens gibt der Autor dem Redakteur der Reihe/Serie hier die Möglichkeit einzugreifen und eventuelle offene Fragen klären oder Ungereimtheiten aus dem Weg räumen. Ist die Geschichte spannend, ist die Dramaturgie glaubhaft, hat die Liebe es auch nicht zu einfach, hat sie es gar zu schwer? Kommen alle relevanten Figuren vor, wird das einzelne Exposé dem der ganzen Serie gerecht? Wiederholen sich die Themen innerhalb der Reihe/Serie, passen sie hinein? Wäre z. B. eine Diätpillensucht für einen Heimatroman das falsche Thema?

Zu guter Letzt gibt der Autor hier auch einen ersten Teil seiner Verantwortung ab. Was der Redakteur an dieser Stelle absegnet, hat er »gekauft«. Wenn sich das im Roman etwas schief erzählt, muss auch der Lektor dafür geradestehen, er hat die Idee schließlich angenommen.

9. Der Roman

Ein Heftroman hat zwischen 25 000 und 30 000 Wörtern und ist damit eigentlich kein Roman im literarischen Sinne. Die literarische Gattung Roman ist schwer zu fassen, der kleinste gemeinsame Nenner nach Forster aber ist: eine freie fiktionale Prosaerzählung von mindestens 50 000 Wörtern. Schon hier wird deutlich: für den Heftroman gelten andere Regeln. Unabhängig von dem Kriterium der Freiheit, die im Heftroman sehr stark eingeschränkt wird – ist der kleinste gemeinsame Nenner von Heftromanen um einiges größer: eine fiktionale, abgeschlossene Liebesgeschichte im epischen Präteritum, unterteilt in 20 bis 30 Kapitel und chronologisch erzählt. Spannung wird klassisch aufgebaut, es gibt einen Konflikt, dessen Lösung und ein Happy End. Die Erzählhaltung ist dramatisch und szenisch: es wird beschrieben, was passiert. Das Geschehen wird nicht reflektiert oder ironisiert.

Der klare Spannungsaufbau erinnert ans Drehbuchschreiben. Wie die Vorlage zu einem Film, reiht der Heftroman Szenen aneinander. Kapitel für Kapitel passiert etwas, Handlung ist Aktion. Natürlich ist der Heftroman eine Prosaerzählung. In der »gezeigt« (show) werden soll, was passiert. Es wird nicht zusammengefasst oder reflektiert (don't tell). Die Sprache der Trivialliteratur ist schlicht bis bildhaft, nicht experimentell oder lyrisch, nicht überpräsent oder avantgardistisch – sie stiehlt der Handlung nicht die Show.

10. Das Lektorat

Das Lektorat eines Heftromans ist kein Gespräch über den Stoff. Autor und Lektor stehen hier nicht im ständigen Dialog, schicken sich Manuskriptseiten mit Korrekturvorschlägen hin und her oder besprechen Schwachstellen. Das bedürfte eines hohen Zeitaufwandes und da Arbeitszeit sehr viel Geld kostet, kann sich der Heftromanverlag ein aufwändiges Lektorat nicht leisten. Das Lektorat des Heftromans muss kostengünstig sein und das kommt dem Leser zugute.

Erfahrene Autoren werden bei Manuskriptabgabe bezahlt und das sehr schnell. Ihre Arbeit ist damit getan. Der Heftromanlektor erhält das fertige Manuskript und korrigiert es, er bügelt Schwachstellen aus, schreibt Teile um oder neu, wenn es gar nicht geht. Er lässt den Autor selbst nur im Extremfall etwas überarbeiten, was er selbst dann aber wieder ohne Rücksprache korrigiert. Es wird gekürzt und angepasst, je nach Autor mehr oder weniger. Der Autor sieht sein jungfräuliches Manuskript – wie schon angedeutet – erst als überarbeitetes Heft wieder.

Einen Autor ein schlechtes Manuskript überarbeiten zu lassen, birgt große Probleme. Kosmetische Veränderungen sind für den Lektor obligatorisch, tiefer gehende Änderungen müsste laut Vertrag eigentlich der Autor vornehmen. Autoren haben aber in der Regel keinen Blick für die Erkrankung eines fertigen Textes. Man kann in Exposé- und Treatmentphase (siehe auch III.) über dramaturgische Schwächen reden. Ist der Roman aber fertig, sind Autoren im höchsten Stadium der Betriebsblindheit, in der Regel verschlimmbessern sie dann nur. Abgesehen davon, ist ein professioneller Autor, der vom Heftromanschreiben lebt, wahrscheinlich schon dabei, den übernächsten Text zu verfassen, wenn der Lektor mit Änderungswünschen kommt. Unabhängig davon, ob der Autor vertraglich dazu verpflichtet ist, etwas Druckfertiges abzuliefern, er ist weder im Stoff, noch hat er Zeit für einen solchen operativen Eingriff. Im schlimmsten Fall leidet der neue Roman, den der Autor gerade schreibt, unter diesem Überarbeitungsauftrag und der Lektor hat ein paar Wochen später mit dem neuen Roman das gleiche Problem.

11. Das Marketing

Jeder Roman wird auf der letzten Seite seines Vorgängers angekündigt. In kleinen, romantischen oder spannenden Teasertexten, genannt Vorankündigung, wird Lust auf die nächste Ausgabe die Serie/Reihe gemacht. Hierfür greift der Redakteur einen Aspekt des Romans heraus und schreibt einen Zehnzeiler über das, was die nächste Geschichte lesenswert macht. Der Roman wird regelrecht benutzt und wenn notwendig auch mal ein Moment der Story herausgekehrt, die im Bezug auf die Gesamtdramaturgie weniger wichtig erscheint, sich dafür aber reißerisch aufmachen lässt.

Der einzelne Roman wird einzig und allein mit dieser Vorankündigung beworben. Marketing wird sonst nur für eine gesamte Reihe/Serie betrieben, und das hauptsächlich in Parallelprodukten des Verlags. Darüber hinaus muss man die Auf-

lagenhöhe auch als Werbemaßnahme begreifen. Von 20 000 Exemplaren wird nicht selten bloß ein Viertel gekauft. Dass eine aktuelle Ausgabe jeder Reihe oder Serie im Zeitschriftenregal präsent ist – auch wenn ihre Verkaufschancen in dieser Filiale eher schlecht stehen – ist eben auch eine Marketingstrategie. Romanhefte bewerben sich selbst durch ihre Präsenz und darüber, dass sie wöchentlich erneuert werden. Dass heißt nicht, dass wahllos an alle Zeitschriftenhändler ausgeliefert wird, vielmehr erfordert diese Werbemaßnahme genaue Vertriebsplanung.

Die Rotaseite des Romans befindet sich auf der ersten Seite des eigentlichen Heftes und ersetzt Umschlag- und Klappentext. Sie besteht je nach Reihe/Serie entweder aus einem Teil der Vorankündigung aus dem letzten Heft oder ist der Anfang des Romans – besonders aufgemacht.

12. Das Heft

Aus der Sicht des Verlags ist der fertig gedruckte Roman nicht mehr von Interesse. Während bei einem Buch die Marketing- und die Lizenzabteilung das Endprodukt betreuen, ist das einzelne Heft viel zu kurzlebig, um weitere Anstrengungen zu rechtfertigen. Man beschäftigt sich in regelmäßigen Abständen mit den Verkaufszahlen und Lizenzverkäufen einer ganzen Reihe/Serie, nicht jedoch mit den Daten der einzelnen Romane.

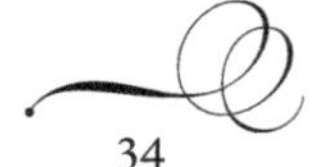

Redakteure progressiver Serien werden hin und wieder noch einmal etwas in einem alten Heft nachschlagen müssen, für zirkuläre Serien reicht hierfür aber schon das Exposé.

Gute Autoren und Hefte bleiben natürlich in Erinnerung und festigen den Stand eines Autors. Aber das einzelne Heft wird als Endprodukt vom Redakteur nicht weiter beachtet. Bei Erscheinen ist der Lektor im Arbeitsprozess schon drei Monate weiter und verfasst die nächsten Titel, sucht Bilder aus und ruft Autoren an …

III. *Wie?*

Ergreifende Schreibschule über die Entstehung einer Romanze zwischen Liebe und Reglementierung

Literatur kann Selbstdarstellung sein. 1983 hat Reinald Goetz sich beim größten deutschsprachigen Literaturwettbewerb in Klagenfurt mit einer Rasierklinge in die Stirn geschnitten. Er las blutend – von blutgetränktem Papier. Joanne K. Rowling hat das bekannteste Buch aller Zeiten geschrieben und obwohl das Interesse an Harry Potter größer ist, als das an ihrer Person, kam die Presse nicht umhin, sich auch ihr Leben zum Gegenstand zu machen. Ihr Weg von der alleinerziehenden Sozialhilfeempfängerin zur Milliardärin wurde eine eigene Geschichte, die nicht immer den Fakten entsprach. Rowling selbst war mit Dementieren irgendwann fast so sehr beschäftigt wie mit dem Schreiben ihrer siebenbändigen Potter-Reihe. Ob nun der Bachmannpreis oder Platz eins der weltweiten Bestsellerlisten, fiktionales Schreiben kann das Individuum im Autor mehr (heraus-)fordern, als den Schriftsteller in ihm.

Während Hoch- und Unterhaltungsliteratur dadurch definiert werden können, dass sie ihre Autoren exponieren, ist die Trivialliteratur nur darauf bedacht, Romane zu publizieren. Unter allen Umständen soll jede Woche ein Heft einer Reihe bzw. Serie beim Zeitschriftenhändler liegen. Ein Heftromanverlag ist also darauf ausgerichtet, pünktlich seine Ware zu liefern. In diesem System der Romanproduktion ist die Persönlichkeit des Autors unwichtig. Um Qualität und Quantität auf einem bestimmten Niveau zu halten, unterliegen der Produktionsprozess und die Textform strengen Regeln. Dieses Regelwerk ist ein so dicht gewebtes Netz, dass der Autor, selbst wenn er durch seinen Heftroman hervortreten wollte, es sehr schwer hätte.

Die charakteristische Form des Heftromans geht auf eine Norm zurück, die der Qualitätssicherung dient. Entgegen kritischer Meinungen folgen Geschichten hier nicht deshalb dem immer gleichen Muster, weil man seinen Leser für dumm hält, ihn so wenig wie möglich mit Neuem konfrontieren oder herausfordern will. Sie folgen einem Schema, dass es möglich macht innerhalb von fünf bis neun Wochen einen kompletten Roman inklusive Titelbild und Vorschautext druckfertig an die Setzerei zu liefern – einen Roman, von dem vorher kein Wort geschrieben war.

Wie aber sieht dieses Muster aus? Was sind die Regeln, die dem Schreiben von Trivialliteratur zu Grunde liegen? Wie schreibt man einen Heftroman?

Im Folgenden finden Sie Schreibanweisungen, die Ihnen den Weg zu einem guten Heftroman weisen. Das sind keine Anregungen, das sind Regeln. Das Schreiben von Heftromanen ist weder frei noch assoziativ. Sie müssen planen und kalkulieren. Wenn Sie sich überraschen lassen wollen, wo es mit Ihren Figuren hinführt, sind Sie hier falsch. Es gibt keinen Raum für Experimente. Sie werden Platz für kleine mutige Versuche finden, Platz ihren eigenen Stil zu entwickeln, aber damit fangen Sie nicht an.

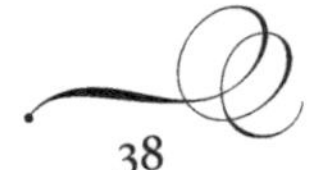

Sie müssen sich auf die folgenden Anweisungen einlassen. Erheben Sie sich nicht über eine Regel, weil Sie Ihnen (scheinbar) Zeit raubt oder Ihren Vorlieben widerspricht. Die Heftromanproduktion ist eine Maschine, und Sie müssen die Betriebsanleitung studiert haben, um virtuos mit ihr umgehen zu können. Sie kommen nicht umhin zu wissen, welcher Schalter wann umgelegt wird. Sie werden lernen, wie man mit wenig Aufwand eine genregerechte Dramaturgie baut, welche Bedingungen man erschaffen muss, um glaubwürdig zu bleiben.

Geschichten folgen einer Logik, die erlernbar ist. Aber wenn Sie als Autor nicht sorgfältig arbeiten, richten Sie einen Papierstau in der Redaktion an. Wenn Sie wieder eingeplant werden wollen, dann müssen Sie zu verhindern wissen, dass zwei Redakteure eine Woche damit beschäftigt sind, Ihr Manuskript druckfertig zu machen. Machen Sie es Ihrem Lektor so einfach wie möglich, und er wird es Ihnen danken. Vergessen Sie nicht, dass Ihre Möglichkeiten, zu publizieren, mit Ihrem Lektor stehen und fallen. Ihn müssen Sie überzeugen.

Wenn Sie Ihren ersten Roman schreiben und in einem Verlag unterbringen wollen, müssen Sie besser sein, als gestandene Heftromanautoren. Das mag Ihnen absurd erscheinen, aber leider haben Redakteure keine Zeit mit Ihnen zu arbeiten und Ihnen das Schreiben von Liebesromanen beizubringen. Ein neuer Autor ist ein Risiko, das Zeit kostet. Nur wenn Sie bis ins Letzte überzeugen, bekommen Sie eine Chance. Wie das geht, wird Ihnen dieses Kapitel im Detail zeigen.

Das Schreiben von Trivialliteratur ist zwar so konzipiert, dass es schneller und einfacher von der Hand geht, als Hoch- und Unterhaltungsliteratur zu verfassen, aber es ist dennoch mühselige Arbeit. Lassen Sie sich nicht entmutigen. Es gibt

viel zu lernen und die Schreibschule der Heftromane ist nun mal keine des kreativen Selbstausdrucks, sondern ein systematisch geregelter Ablauf. Aber wenn Sie die Normierung Ihrer Ideen einmal beherrschen, werden Ihre Romane Ihre eigenen und – in einem gewissen Rahmen – auch Ihre individuelle Geschichten werden.

Schreiben und Veröffentlichen muss keine Selbstdarstellung sein. Wenn Sie nicht mit allem, was Sie sind und haben, für jede Ihrer Zeilen einstehen wollen, dann wird es Ihnen entgegen kommen, dass der Heftromanverlag Sie als Autor einfach nur schreiben lässt. Dass er Ihnen ein Happy End nach dem anderen abverlangt, bis diese heile Welt ein stückweit auf Sie übergegangen ist. Es kann glücklich machen, alles zum Guten zu führen.

Sie werden Strukturen erlernen, die nicht für alles Fiktionale gelten, sich aber auf viele Geschichten anwenden lassen. Sie werden überrascht sein, was Sie vom Heftroman alles lernen können. Die Frucht dieser harten Heftromanschule ist die Möglichkeit, mit wenig Aufwand etwas Schönes und auf wunderbare Art und Weise Kitschiges zu erschaffen. Und während Rainald Goetz die Bachmannnarbe an seiner Stirn streichelt, setzen Sie vielleicht schon Ihr erstes ENDE unter 90 Manuskriptseiten pure Romantik, einen zärtlichen Kuss, der alle Tränen wert ist, eine bezaubernde Geste, für die sich alle Regeln und Normen, alles Konzipieren und Strukturieren gelohnt haben …

Dramaturgie und Erzählhaltung, Sprache und Stil: Die im Folgenden aufgelisteten Regeln folgen weitgehend der Chronologie des Arbeitsprozesses. Sie sind nicht hierarchisch aufgelistet, denn jeder Schritt ist wichtig. Das Schreiben ist in drei Phasen unterteilt, die des Exposés, des Treatments und

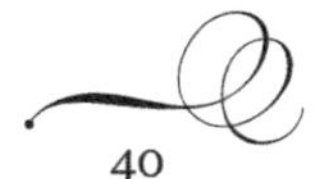

des eigentlichen Romans. Innerhalb jeder dieser Phasen gibt es mehrere Regeln, die den Weg von der äußeren Form zum Inhalt hin gehen. Machen Sie sich bewusst, dass es sich bei dieser Regelpoetik nicht um wohlmeinende Vorschläge handelt, sondern eine gut begründete Qualitätssicherung. Sie sind trotz und aufgrund der engen Vorgaben herzlich eingeladen, allen Regeln zu folgen und einen Heftroman zu schreiben – also legen Sie los, Schritt für Schritt.

1. Einen Anstoss finden

Worüber werden Heftromane geschrieben? Worüber wollen Sie schreiben? Was auch immer Sie dazu bewogen hat, Trivialliteratur verfassen zu wollen – vielleicht lesen Sie die Hefte gern, vielleicht haben Sie als moderner Performer einen ironischen Hang zu Trash, vielleicht wollen Sie Geld verdienen – Sie sollten in jedem Fall bereits Romanhefte gelesen haben. Decken Sie sich reichlich mit den verschiedensten Reihen und Serien der unterschiedlichen Verlage ein. Suchen Sie selbst nach Mustern, denen die jeweiligen Reihen und die einzelnen Hefte folgen, und merken Sie sich das, was Ihnen ungeregelt erscheint. Was glauben Sie ist Handwerk, was freie kreative Entfaltung? Bilden Sie sich eine Meinung. Was gefällt Ihnen, was nicht? Warum? Was finden Sie romantisch, was kitschig, wie viel Sehnsuchtsseufzer sind Ihnen zu viel, wie zärtlich wirken einzelne Küsse in den Heften tatsächlich? Wie muss man Liebe beschreiben, damit sie Ihnen gefällt? Mögen Sie Heftromane überhaupt?

Letzteres ist allerdings dringende Voraussetzung für diese Arbeit. Ihre Haltung wird Ihren Text unverkennbar einfärben. Wenn Sie sich über die Gattung lustig machen, machen Sie sich über den Leser lustig und versagen ihm das, was ihm versprochen wurde: Idylle. Nur, wenn Ihnen diese Harmoniegarantie liegt und Sie sich für das Romantische begeistern können, haben Sie Chancen als Heftromanautor.

Bevor Sie beginnen sollten Sie eine Idee im Kopf haben, den Anstoß zu einer Geschichte. Während der Heftromanprofi mit der Titelvorgabe des Verlags Denkanstöße erhält, sind Sie als Anfänger ganz auf sich gestellt.

Betrachten wir erst einmal den Regelfall des Profis, den Sie sich als Anfänger ebenfalls zunutze machen können. Der Anstoß für das neue Werk kommt aus der Redaktion. Dort werden alle vier Wochen vier bzw. zwei Romantitel festgelegt, mit Titelbildern versehen und an Autoren verteilt. Der Verlag wird also auf den Autor zukommen und einen Roman zu einem ganz bestimmten Titel in Auftrag geben. Das geht formlos und in bevorzugter Weise per E-Mail:

Liebe Frau XYZ,
diesen Monat kann ich Ihnen folgenden Heimattitel vorschlagen:

Ein verhängnisvoller Brautstrauß
Liegt Annis Glück fern der schönen Heimat?

Das Titelbild zeigt eine blonde junge Frau im Festtagsdirndl und einen dunkelhaarigen jungen Mann. Ihre ganze Aufmerksamkeit

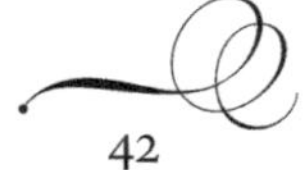

gilt dem prächtigen Blumenstrauß in ihren Händen, während er etwas abseits steht und sie verliebt anlächelt. Abgabe wäre am 4.11.

Ich hoffe, dass Ihnen Titel und Zeitraum zusagen und freue mich schon auf Ihren Roman.
Mit freundlichen Grüßen

Sind Termin und Titel dem Autor recht, wird kurz formlos zugesagt und die Arbeit beginnt. Man hat jetzt drei bis sieben Wochen Zeit das Manuskript zu verfassen und in der Redaktion abzuliefern. Eine Geschichte muss konzipiert werden, die sowohl Titel als auch Untertitel gerecht wird und in der eine junge Frau einem Brautstrauß mehr Aufmerksamkeit schenkt als dem Mann, der sie liebt.

Mit Anni steht der Name Ihrer Hauptfigur fest. Sie fängt einen Brautstrauß und glaubt, ihr Glück fern der Heimat zu finden. Dass sie die Blumen fängt, wird ihr zum Verhängnis, und es gibt einen jungen Mann, der sich für sie interessiert. Aber das ist noch keine Geschichte, das sind bloß Eckdaten, zwischen denen Leerstellen stehen. Die gilt es nun zu füllen. Machen Sie sich Gedanken zu dem jungen Mann. Liebt Anni ihn auch? Wie steht sie zu ihm? Bedrängt er sie, weil sie den Strauß gefangen hat? Oder macht er sich bloß zarte Hoffnungen auf ihre Hand? Wird er brüsk zurückgewiesen? Liebt Anni einen anderen? Wen? Was lässt sie glauben, dass ihr Glück, fern der Heimat liebt? Die Tatsache, dass der Mann auf dem Bild sie bedrängt? Oder gibt es gar diesen anderen, der ganz woanders lebt, und den sie heiraten will? Die vom Verlag gegebenen Informationen lassen viele Möglichkeiten zu. Der Autor muss sich entscheiden, dabei hilft ihm ein Brainstorming. Man lässt Fragen und Gedanken kommen, notiert sie, verwirft sie, denkt sie weiter und entwickelt später die Geschichte. Aber erst einmal muss man den Anstoß sortieren und nutzbar machen.

In diesem Beispiel sollte man darauf achten, den Brautstrauß wichtig zu machen. Er darf nicht untergehen, er ist schließlich das titelgebende Motiv. Außerdem ist er wichtig für die Handlung, denn er wird der Heldin zum Verhängnis, er muss der Grund für eine Entscheidung sein, die sich als falsch erweist. Lassen Sie ihre Fantasie spielen und nutzen Sie die zwei Titelzeilen als Inspirationsquelle. Was würden Sie mit diesen Informationen machen? Während das Deckblatt des Heftes angedruckt wird, muss der Autor einen Roman schreiben, der zum Titel passt, der nur *Ein verhängnisvoller Brautstrauß* heißen kann.

Neue Autoren werden nicht gleich monatlich eingeplant, Gelegenheitsschreiber kann der Verlag nicht einfach einplanen, da sie nebenberuflich oder aus Spaß schreiben und nicht immer zur Verfügung stehen. Hier muss der jeweilige Autor auf den Verlag zukommen und mit seinem Exposé um einen Auftrag bitten. Aber auch hier können Heftromantitel, eine Anstoßhilfe sein. Wenn Sie nicht wissen, worüber sie schreiben wollen, nehmen Sie sich bereits publizierte Romane vor. Schauen Sie sich Titel an, die sie nicht kennen, lesen Sie weder Rotaseite noch Vorschautext und erfinden Sie einfach Ihre eigene Geschichte, als hätte man den Titel nur für Sie verfasst. Das Titelbild liefert ihnen weitere Vorgaben, die Sie benutzen können. Nehmen Sie diese Informationen als Rahmen für Ihre eigene Idee. Was würden Sie aus Folgendem machen?

Die alte Schlosskapelle, du und ich
Hat Prinz Roberts Liebe eine Zukunft?

Auch wenn dich alle schuldig sprechen
Nur Schwester Dora glaubte dem geheimnisvollen Patienten

Bauen Sie auf das auf, was Sie vor sich haben und machen Sie ein Brainstorming. So lernen Sie nach Vorgaben zu schreiben und verfassen wahrscheinlich sogar einen Roman, den man einfach anders betiteln und dann gegebenenfalls sogar publizieren kann.

Mit der richtigen Technik lässt sich aber auch aus Ihren eigenen Ideen leicht eine Geschichte entwickeln. Bedenken Sie, dass Heftromane in der Regel Jetztzeit-Geschichten erzählen. Bis auf wenige Ausnahmen, spielen diese Romanzen in der Gegenwart. Bleiben Sie also im Hier und Heute. Dort kann Sie nahezu alles inspirieren: das Bild einer schönen Landschaft, ein interessanter Beruf, ein Ort, ein bestimmter Konflikt, eine Konfliktlösung, ein Satz, eine Formulierung, ein kleiner Dialog, ein Charakterzug, eine Szene, ein schöner Vorname ... Stephenie Meyer hatte angeblich einen Traum, in dem ein unscheinbares Mädchen auf einer Waldlichtung auf einen wunderschönen jungen Vampir traf. Dieses Bild war ihr Anstoß zu den Twilightbüchern.

Man kann aus einer bestimmten Art und Weise, wie ein Heiratsantrag abläuft, eine ganze Geschichte bauen. Stellen Sie sich einen Mann in einer eingeschneiten Telefonzelle irgendwo in den Bergen vor. Er kommt nicht raus, er hat nur noch ein paar Cent und die nutzt er, um seine Freundin anzurufen und sie zu bitten, seine Frau zu werden. Das ist ein schönes Bild, es könnte zu einer ganzen Geschichte führen. Wieder haben Sie als Autor etwas, das Fragen aufwirft. Wer ist der Mann, wie ist er dahingekommen? Warum benutzt er nicht sein Handy, wie kommt er aus der eingeschneiten Telefonzelle raus? Wie reagiert die Freundin? Hat sie damit gerechnet? Wahrscheinlich ist sie eher überrascht und vielleicht sogar böse auf den Mann, denn das macht diesen Antrag größer. Aber warum ist sie böse?

Egal, ob Sie sich selbst den Anstoß zur Geschichte gegeben haben oder dieser vom Verlag kommt, wichtig ist, dass Sie etwas finden, das Sie interessiert. Sie müssen darüber schreiben wollen. Es ist Ihr Interesse, das dem Roman Leben einhaucht, Ihre Motivation von der 64 Heftseiten Liebe leben. Langweilen Sie sich nicht selbst. Wenn Sie gern in Paris sind oder dort auch einfach nur gern wären, lassen Sie einen Roman dort spielen. Sie mögen Haflinger? Vielleicht ist Ihre Heldin Magd auf einem Hof, der diese Bergpferde züchtet. Wenn Sie gern Architektur studiert hätten, machen Sie eine Ihrer Figuren zum Architekten.

Erfahrene Autoren beherrschen das Einbringen Ihrer Interessen in den aktuellen Roman meistens sehr gut. Hier kann sich allerdings nach gewisser Zeit eine Wiederholung einstellen. Es häufen sich beispielsweise Prinzessinnen im Medizinstudium oder bestimmte Abläufe des ersten Kusses. Einerseits ist das kritisch zu bewerten, denn Heftromanautoren müssen flexibel bleiben und dürfen sich nicht in den immer gleichen Themen, Motiven oder Charakterzügen festfahren. Andererseits kann man von einem Profi, der drei bis vier Liebesromane im Monat schreibt, nicht diese Quantität und eine komplette Neuausrichtung seiner Interessen für jeden Roman erwarten. Der Redakteur wird im Einzelfall entscheiden, was möglich ist. Für Sie ganz persönlich gilt: Bleiben Sie so flexibel wie mög-

lich. Je breiter Sie sich interessieren, desto abwechslungsreicher werden Sie schreiben. Lassen Sie Ihre Gedanken treiben und beschäftigen Sie sich mit möglichst vielem. Sie müssen nichts davon in der Tiefe erarbeiten, um es in einem Romanheft zu thematisieren.

Notieren Sie sich romantische Redewendungen und Sätze, auch Buch- und Filmtitel, und machen Sie Ihre eigene Idee daraus. Anstöße für Geschichten finden sich überall, schauen Sie hin!

2. Das Genre

Heftromane sind Genreromane. Sie sind keine unabhängigen Geschichten oder Romanzen, die man im Nachhinein grob einem Genre zuordnet. Romanhefte sind ihr Genre, sie sind Adel-, Arzt- oder Heimatromane. *Ein verhängnisvoller Brautstrauß* ist ein Heimatroman, *Die alte Schlosskapelle, du und ich* eine Fürstengeschichte und *Auch wenn dich alle schuldig sprechen* wäre ein Beispiel für einen Arztroman. Unten werden Sie noch weitere Genres finden.

Für welches Genre wollen Sie schreiben? Vor welcher Kulisse wird Ihre Liebesgeschichte spielen? Haben Sie eine ganz bestimmte Serie im Auge oder sind Sie in dieser Hinsicht noch offen? Sie werden sich festlegen müssen und Ihre Auswahl ist begrenzt. Sie können nicht einfach die Romanze zwischen einer

Lehrerin und einem Automechaniker auf der Insel Föhr spielen lassen und hoffen, dass Bastei diesen Roman kauft. Der Bastei Verlag hat keinen Bedarf an so einer Geschichte, weil sie in keine seiner Reihen oder Serien passt. Nicht mal der Literaturbetrieb kann jeden Text publizieren, nur weil dieser gut ist. Auch Buchverlage betten Publikationen in ihr Programm, Trends und die Nachfrage des Lesers ein, ein Heftromanverlag aber geht weiter. Er veröffentlicht Arzt-, Adel- und Heimatromane, außerdem vielleicht Romantasy, Mutter&Kind, Familie und ggf. themengebundene Reihen wie z. B. *Silvia Schicksal* – sonst nichts. Ein Heftromanverlag wird keine Ausnahme machen, nur weil Ihre Föhr-Romanze bezaubernd ist. Er wird auch keine neue Reihe oder Serie konzipieren, weil Ihre Figuren spannend sind. Er sucht Autoren, die sich *ihm* anpassen. Sobald ein Redakteur feststellt, dass Ihre Geschichte nicht in den Kontext seines Verlags passt, wird er aufhören zu lesen. Er hat zu wenig Zeit, um einen dreibändigen historischen Roman zu prüfen, von dem der Autor meint, das könne auch irgendwie ein Heftroman sein. Kann es nicht.

Nun aber zurück zu Ihnen und Ihrer Geschichte. Wenn Ihnen also nicht – wie bei einem Heftromanprofi – Titel und Genre Ihres nächsten Textes schon vorgegeben sind, müssen Sie sich selbst entscheiden. Folgendes steht Ihnen zur Auswahl:

Adel
Ein Liebesroman, der als Reihe und Serie erscheint. Adelsromane sind an ihrer »Goldfassung« zu erkennen, ihr Titelbild ist immer in einen glänzenden, goldenen Rahmen gefasst. Dieses Genre legt den Fokus auf Luxus und Glamour. In einem Fürstenroman sollte ein Fürst oder Fürstenkind vorkommen, in einer Serie wie *Der kleine Fürst* das entsprechende Stammpersonal. Interessieren Sie sich für die High Society und tradierte Konventionen, sind Sie hier richtig.

Arzt
Ein Liebesroman, der in verschiedenen Serien erscheint. Hier werden die Titelbilder blau gerahmt. Die blaue Ecke bei Ihrem Zeitschriftenhändler ist die der Ärzteromane. Jede dieser Serien dreht sich um eine Arztfigur, den konfliktlösenden Mentor, der die Liebesprobleme anderer – nicht die eigenen – löst. Wenn Sie sich für medizinisches Vokabular und die Welt der Götter in weiß begeistern können, arbeiten Sie sich in Arztromanserien ein.

Familie
Serien um das turbulente Leben bestimmter Familien wie *Die Fahrenbachs.* Ein Genre für Leser, die Gefallen an nicht nur einer Figur finden, sondern der Vernetzung unterschiedlicher Familienmitglieder und vielen kleinen Geschichten, die ineinandergreifen etwas abgewinnen können.

Heimat
Ein Liebesroman, sowohl Reihe als auch Serie, der in den bayerischen oder österreichischen Bergen spielt. Seine Titelbilder

sind in rote Rahmen gefasst, manchmal auch tannengrün. Dieses Genre thematisiert idyllisches Dorfleben und definiert den Begriff der Heimat als etwas Beschauliches, Ursprüngliches und Tradiertes, das es zu erhalten gilt. Berg- und Talwelten, Dirndl und deftiges Essen bilden die Kulisse dieses Genres. Hier sind Sie richtig, wenn Sie das Ursprüngliche Bäuerliche mögen.

Liebe

Nicht alle Liebesromane lassen sich als Adel-, Arzt-, Heimat-, etc.- Roman einstufen. Immer mal wieder gibt es auch Reihen, die unabhängig von diesen Genres Liebesgeschichten erzählen. Gern heißen sie *Silvia, Stella* oder *Angelina.* Mal liegt der Fokus hier zum Beispiel auf betont junge Helden unter 25 Jahren oder die Reihe macht sich zum Beispiel als Thema das Schicksal zu eigen. Hier wären auch historische Themen möglich. Schauen Sie hier sehr genau nach, worum es der jeweiligen Reihe geht. Es hat keinen Sinn, einfach irgendeine Liebesgeschichte zu verfassen und einzureichen.

Mutter & Kind

Ein Liebesroman, der die Mutterkindbindung in den Mittelpunkt stellt. Während der Familienroman sich um die Intrigen und Verbindungen erwachsener Familienmitglieder dreht, steht hier das Verhältnis von Müttern zu Kindern im Mittelpunkt. Dieses Genre bringt nicht nur Paare zusammen, sondern sichert Kindern auch Familienidylle. Manchmal ist die Figur des Kindes hier auch die des Mentors, der die »seltsamen Erwachsenenhindernisse« der Liebe überwindet. Erscheint als Reihe und Serie. Sie interessieren sich für Kinder und das Verhältnis von Kindern zu ihren Eltern, wollen das Niedlich-

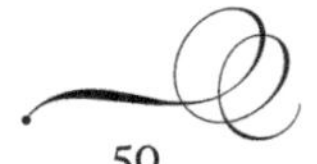

Verspielte dieses Genres herausarbeiten, dann sollten Sie die Romane in Rosa lesen.

Romantasy

Ein Liebesroman, der neben der Liebes- auch eine Spannungsgeschichte erzählt. Romantische und gruselige Handlungsstränge befruchten sich hier gegenseitig. Diese Romane sind in schwarz oder dunkelblau gehalten und dürften für Sie von Interesse sein, wenn Sie Vampire und andere mystische Wesen mögen.

Am einfachsten werden Sie es haben, wenn Sie für eine Reihe schreiben (dazu mehr in IV.), da Sie sich hier nicht mit Stammpersonal auseinandersetzen müssen und keiner Informationen bedürfen, auf die Sie als Außenseiter sowieso keinen Zugriff hätten.

Es wäre daher vernünftig, Adels- oder Heimatreihen anzuvisieren. Diese Klassiker sind sehr auflagenstark. Aber wenn Sie nun auf eine Serie festgefahren sind, sich nur wegen einer bestimmten Serienhauptfigur mit Heftromanen befassen, dann sollten Sie Ihr Glück damit auch versuchen. Gerade Arztromane haben Potenzial, da werden immerhin die meisten Serien publiziert. Sie werden sich für einen eigenen Arztroman selbst eine Art Serienexposé erarbeiten müssen. Lernen Sie die Umgebung von Dr. Stefan Frank & Co. so gut kennen, dass Sie Ihre Geschichte dort souverän spielen lassen können.

Es wird noch näher darauf eingegangen, wie Sie ein bestimmtes Genre im Roman selbst bedienen, die Entschei-

dung für eine Kulisse muss allerdings schon für das Exposé fallen. Ist Ihre Heldin eine Ärztin, Prinzessin oder Bauerntochter? Diese Entscheidung müssen Sie jetzt fällen. Verorten Sie Ihre Romanze!

3. Das Exposé

Mit Ihrem Exposé vermitteln Sie dem zuständigen Redakteur, was für eine Geschichte Sie schreiben wollen. Ein bis drei Seiten Prosatext stellen die Figuren, ihren Konflikt und dessen Lösung vor.

Sie finden ein vollständiges Beispiel hierfür im fünften Kapitel dieses Buches. Sie können dort jederzeit nachschlagen und die folgenden Theorien anhand des Exempels überprüfen und vertiefen. Was Sie nun über Konzeptionierung lesen werden, kann Ihnen mitunter blutleer vorkommen, aber trotz aller Abstraktion, die auf der Exposéebene gefragt ist, darf Ihre *Idee* nicht leblos wirken. Es empfiehlt sich zur Übung daher, die einzelnen Regeln auf das vorliegende Beispiel anzuwenden und sich immer wieder zu fragen, wie die eine oder andere Aufgabe gelöst wurde.

Die Handlung wird im Exposé stark reduziert, aber bis zu Ende erzählt. Sie formulieren im Präsens und wählen eine schlichte Form, keine bunte Tinte oder pseudoromantische Schreibschriften. Wählen Sie eine Schrift mit Serifen, die lässt sich im Fließtext besser lesen, und stellen Sie die Schriftgröße

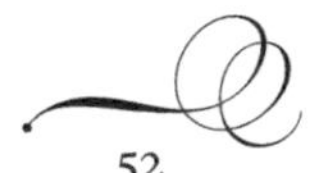

auf 11 oder 12 Punkte ein. Ein Zeilenabstand von mindestens 1,5 ist empfehlenswert.

Wenn Sie einem Verlag ein Manuskript für ein Buch anbieten, kann es ratsam sein, Ihr Projekt im Entwurf regelrecht zu bewerben und mit Marketingargumenten für die eigene Idee Reklame zu machen. Buchverlage müssen klären, ob ein Projekt in ihr Programm passt. Im Heftromanverlag ist die Romanreihe das Projekt, Ihr Text nur einer von vielen.

Das Exposé ist hier eine nüchterne Zusammenfassung der Handlung. Weder der Autor noch irgendwelche Werbeargumente sind von Belang. Sie müssen Ihre Geschichte oder Teile davon weder erklären noch interpretieren, sondern zusammenfassen, was in welcher Reihenfolge passiert. Das, was Sie schreiben, kommt Ihnen jetzt vielleicht langweilig vor und wird Ihren romantischen und stilistischen Vorstellungen sicher nicht gerecht, aber hier ist ein Dramaturgieextrakt gefragt und kein reißerischer Klappentext. Der Text selbst zählt, und ob er den Kriterien des Genres bzw. der Reihe gerecht werden kann, zeigt sich auch in einem nüchternen Entwurf.

Darüber hinaus sind diese ein bis drei Seiten eine fruchtbare Arbeitsgrundlage. Der Lektor stößt bereits in dieser Phase auf Ungereimtheiten oder Logikfehler und kann sich mit Fragen an den Autor wenden, bevor dieser zu schreiben beginnt. Über ein Exposé zu reden, ist von großem Vorteil für den Stoff, selbst wenn es nur sehr kleine Mängel gibt. Wenn sich ein Redakteur mit Fragen an Sie wendet, werten Sie das nicht als negative Kritik, machen Sie das Beste aus der Zeit, die er sich nimmt, Ihre Idee mit Ihnen zu besprechen.

Nachdem das Exposé abgesegnet wurde, ist der nächste Kontakt zwischen Autor und Verlag schon die Manuskriptabgabe. Sie werden den kompletten Roman abgeben und nicht wiedersehen. Austausch über den Stoff ist also rar und deshalb gerade in der Exposéphase Gold wert.

Es gibt Autoren, die ungern Exposés schreiben. Leider merkt man ihren Romanen das auch an. Diese nüchterne Zusammenfassung ist nämlich nicht nur Arbeitsgrundlage für den Verlag. Natürlich geht es – wie schon beschrieben – um Qualitätssicherung aus der Sicht des Lektorats. Darüber hinaus bekommt der Redakteur einen Überblick über die Handlung. Er muss verhindern, dass die vier Romane einer Einplanungsphase sich zu sehr ähneln und dass keine andere Geschichte zu nah an Ihrer Idee erscheint. Aber unabhängig von dem Nutzen, den die Redaktion hat, ist das Exposé auch für den Autor selbst von äußerster Wichtigkeit. Die wesentlichen Ereignisse werden bereits in diesem Entwurf zum Verlauf des Romans ins Verhältnis gesetzt. Was in der Mitte des Exposés passiert, wird auch in der Mitte des Heftes passieren usw. Sie als Autor werden sich durch diese Zusammenfassung bewusst, was Sie wann geschehen lassen werden.

Eisenhower hat gesagt, was nicht auf einer Manuskriptseite zusammengefasst werden kann, sei weder durchdacht noch entscheidungsreif. Es mag durchaus sein, dass Sie einmal durch Zufall eine Geschichte von zum Beispiel 155000 geforderten Zeichen runterschreiben, die gut ist und den Kriterien eines Heftromans gerecht wird, ohne dass sie je entworfen oder zusammengefasst wurde. Aber der Trivialliteraturbetrieb sucht weder die Ausnahme noch Ausnahmetalente, er sucht die Regel. Wenn Sie einen Konflikt nicht auf höchstens drei Seiten entstehen lassen und wieder lösen können, dann können Sie das auch nicht auf 90 Seiten. Je kürzer Sie zusammenfassen, desto

klarer werden Ihnen die Figuren, ihr Problem und dessen Überwindung. Sollten Ihre ersten Exposés vier Seiten lang sein, verzagen Sie nicht, versuchen Sie weiter zu kürzen. Sie müssen aber, gerade am Anfang, auch nicht die allerkürzeste Version erzwingen. Mit der Zeit wird sich für Ihre Entwürfe eine Länge einpendeln, mit der Sie gut arbeiten können. Darüber hinaus wird sich Ihr Blick für das Wesentliche schärfen.

Ein gutes Exposé mit funktionierender Dramaturgie schützt davor, dass der Roman einem entgleitet, dass Sie sich an Stellen schreiben, die Sie nicht mehr sauber zum Happy End führen können. Ein Exposé sortiert vor, ist ihr aufgeräumter Dramaturgie-Schreibtisch, an dem jede Figur ihre Schublade und ihre Funktion hat. Konflikte können schnell verwässern, Figuren können Motivationen und Ziele abhanden kommen. Ein gutes Konzept verhindert das. Sie als perfekter Heftromanautor müssen also so früh wie möglich so viele Warumfragen wie möglich beantworten. Lassen Sie nicht offen, warum eine Figur etwas tut oder nicht tut. Ein Exposé zu schreiben, heißt Gründe erfinden, warum Menschen so und nicht anders aufeinander treffen, sich so und nicht anders trennen.

Man könnte meinen, dass eine genaue Planung der Ereignisse dazu führt, dass die Erzählung konstruiert wirkt und stolpert. Das Gegenteil ist der Fall. Mitten im Schreibfluss zu bemerken, dass man jetzt beispielsweise eine Trennung der Liebenden braucht, führt dazu, dass diese Trennung nicht organisch wirkt, sondern wie ein Konflikt aus Prinzip. Nur wenn Sie genau wissen, warum und wann es zu dieser Trennung kommt, können Sie diesen Konflikt auch aufbauen.

Nicht selten bewegt man sich beim Ausarbeiten der Geschichte vom Anstoß etwas weg. Sollte ihr Anstoß ein vor-

gegebener Titel gewesen sein, können Sie am fertigen Exposé noch einmal überprüfen, ob Sie noch den Roman schreiben, der nur *Ein verhängnisvoller Brautstrauß* heißen kann. Am fertigen Roman könnten Sie das auch überprüfen, nur ändern können Sie dann nichts mehr. Zumindest nicht, ohne 90 Seiten größtenteils umzuschreiben und anzupassen. Das würde wahrscheinlich den Fluss der Geschichte zerstören.

Sie wollen losschreiben und sich in eine romantische Geschichte stürzen? Das ist nur zu verständlich, aber Sie müssen sich gedulden. Eine Geschichte zu entwerfen ist harte Arbeit. Wenn Sie insgesamt zwei Wochen an einem Heftroman arbeiten, kann so ein Exposé davon ohne weiteres ein bis zwei Tage einnehmen. Das ist verhältnismäßig viel Zeit, es sind ja nur ein bis drei Seiten, und die sind nicht einmal Teil des späteren Manuskriptes. Aber es sind für Sie die wichtigsten Seiten des Romans. Lassen sie sich nicht entmutigen, knobeln Sie sich da durch. Denken Sie zu Ende, was Sie angefangen haben und argumentieren Sie mit und gegen die Dramaturgie, aber geben Sie nicht auf. Exposéschreiben übt sich, das geht beim zweiten Mal schon besser und beim fünften Mal brauchen Sie nur einen halben Tag. Sie sind in dieser inflationären Branche nur sicher, wenn Sie den Weg kennen, den Sie gehen müssen. Also zeichnen Sie ihn sich vor, schreiben Sie ein Exposé!

4. Die Handlungsmatrix

Die hohe Kunst der spannenden Geschichte kann schon seit Jahrtausenden auf Regeln zurückgeführt werden. Schon Aristoteles' Strukturpoetik und Horaz' Regeldrama abstrahieren und gliedern, was der Rezipient eines erzählenden Werkes spannend findet. Spannung ist keinesfalls eine flirrende, ungreifbare Muse von unerklärlicher Schönheit. Spannung ist schematisiert! Und sie lässt sich erklären, lässt sich auf nahezu argumentationstheoretische Begriffe herunterbrechen.

Dass niemand das Rad neu erfindet, verdeutlicht der Heftroman mit seinen Mustern besonders. Und der nüchterne Schrei unserer Postmoderne, alle Geschichten seien schon erzählt worden, scheint ausgerechnet im Kitschroman seine Versinnbildlichung gefunden zu haben. Dass auch die Hochliteratur handwerkliches Können braucht und nichts Neues mehr erschaffen kann, weiß diese lediglich besser zu verstecken. Auch Goethe hat Faust nicht erfunden, weder die Figur noch den Teufelspakt. Sie als Romanheftautor werden redundant sein, und das nicht verstecken. Sie werden nicht eine einzige Geschichte schreiben, die es nicht in sehr ähnlicher Version schon gab. Sie werden vielmehr dem immer gleichen Muster folgen. Aber, Sie werden sehen, Reglementierung ist auch ein Schutz!

Was Sie liefern müssen, ist eine Liebesgeschichte mit Happy End. Was aber macht eine Liebesgeschichte aus? Sie ist der Weg zum glücklichen Ende, eine Entwicklung vom Unglück hin zum Glück. Dieser Weg folgt einem Spannungsmuster. Die Matrix, die dem Heftroman zu Grunde liegt, ist im Vergleich zum Regeldrama eines Horaz oder Freytags allerdings noch weiter reduziert. Zwar zeichnen die vier Abschnitte der Romanheft-Handlungsmatrix die gleiche Spannungskurve, wie die fünf Regeldrama-Akte Einleitung, Steigerung, Höhepunkt, retardierender Moment und Katastrophe, sie sind aber von größerer Anwendbarkeit. Sie sind nicht primär eine Analyse-, sondern vor allem eine Schreibhilfe:

Die Handlungsmatrix

1. Das Verlieben: A und B treffen aufeinander.
2. Der Konflikt: C verhindert eine glückliche Beziehung.
3. Die Lösung: D tilgt C.
4. Das Happy End: A und B bleiben für immer zusammen.

A und B sind die Helden der Liebesgeschichte, sie sind unterschiedlichen Geschlechts, zwischen 17 und 40 Jahren alt und positiv besetzt. Das heißt, sie sind tendenziell bescheiden, hilfsbereit und sehr liebenswert. Zwei attraktive Menschen, nicht unbedingt von atemberaubender Schönheit, aber ansprechend und interessant.

Der Baustein C ist der Konflikt, behindert die Liebe, ist der Grund, warum die Liebenden nicht einfach zusammenkommen und glücklich sein können, der Moment, der das Happy End verhindert. Ein Stolperstein der Liebe, ein scheinbar unlösbarer Konflikt, der durch »böse« Figuren (Neider, Nebenbuhler, Menschen, die gesellschaftliche Konventionen wahren wollen oder müssen …) ausgelöst werden kann. Ebenso möglich sind andere äußere Gegebenheiten, wie gesellschaftliche Konventionen an sich, Unfälle, Naturkatastrophen etc., die ein harmonisches Zusammenkommen von A und B verhindern.

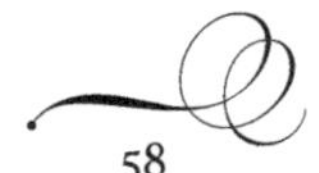

D ist die Lösung, D macht alles möglich, räumt mit allen Missverständnissen und Stolpersteinen Cs auf. D können Mentoren oder »gute Hirten« sein, aber auch Lottogewinne, Erbschaften oder die Wahrheit über einen Menschen, die plötzlich ans Licht kommt, sein. Die lang ersehnte oder überraschende Entschuldigung einer Figur, die Reue des Intriganten, der zu guter Letzt alles wieder ins Reine bringen will.

Am Ende ist alles gut. Es muss nicht geheiratet werden, aber A und B werden miteinander bis ans Ende ihrer Tage glücklich leben. Darüber darf kein Zweifel bestehen und es braucht dafür nicht unbedingt die Darstellung der Eheschließung oder die Bestellung des Aufgebots. Machen Sie einfach deutlich, dass die Liebe gewonnen hat und dass ihr Lohn harmonische Zweisamkeit ist.

A, B, C und D sind das Fundament eines jeden Liebesromans. Auf diese vier Bausteine lässt sich alles herunterbrechen. Zwei Menschen, die sich lieben (A, B), das was sie trennt (C) und das, was sie für immer zusammenführt (D). Diese vier Variablen schließen Ihnen die Tür zum strukturierten Schreiben auf und führt Sie über Spannungskurven zu Ihrem persönlichen Happy End: dem perfekten Liebesroman.

Diese Matrix wenden Sie nun auf Ihren Anstoß an. Geben Sie Ihrer Anfangsidee einen Platz in diesem Schema. Die Gedanken, die Sie sich zu Beginn gemacht haben, werden jetzt mit Hilfe der Handlungsmatrix geordnet und vertieft. Sie müssen die Variablen ausfüllen, wer ist Ihr A, wer Ihr B, was ist C, was D? Wie und wo passiert der erste Abschnitt des Schemas, der zweite, dritte und vierte? Strukturieren Sie Ihre Idee und bauen Sie so die Geschichte, die Sie erzählen wollen.

Anni aus unserem Beispiel vom Anfang dieses Kapitels

wäre A, und Sie müssen nun einen passenden »B« erfinden. Ist der junge Mann auf dem Bild ihr Held? Außerdem brauchen Sie einen Grund, warum der Weg zum Glück für beide den Umweg über die Stufen zwei und drei nimmt. Was für ein Verhängnis bricht über Anni herein, weil sie den Brautstrauß fängt? Warum können die beiden nicht einfach glücklich sein (C)? Wie werden sie es dann doch (D)?

War Ihr Anstoß der romantische Heiratsantrag in der verschneiten Telefonzelle, müssen Sie jetzt entscheiden, ob dieser vor oder nach dem Konflikt geschieht. Ist ihr Paar schon verlobt, bevor C sie trennt? Ist der Antrag die Lösung, das was beide wieder zueinander führt (D)? Oder einfach das schöne Happy End?

Wenn Sie Ihre Ideen den einzelnen Punkten der Matrix zugeordnet haben, bleiben Leerstellen, die Sie als nächstes füllen. Erarbeiten Sie sich A, B, C und D. Sie müssen aus jedem dieser abstrakten Buchstaben einen Teil Ihrer Geschichte werden lassen.

Sie befinden sich noch immer in der Exposéphase und konzipieren auf der Ebene einer nüchternen Zusammenfassung. Das mag Ihnen eher wie die Arbeit an einem Sachbuch, als nach kreativer Arbeit vorkommen. Figuren waren gerade noch Variablen, können also nicht gleich ein Gesicht haben. Das mag Ihnen lieblos erscheinen, ist aber das notwendige Fundament für eine spätere, dann möglicherweise sehr liebevolle Ausgestaltung ihrer Idee. Sie müssen erst einmal einen Spannungsbogen in Ihren Anstoß weben und dabei einiges beachten. Sie wenden zu Anfang eine trockene Theorie an, aber nach einiger Routine wird dieser Prozess in ihr Unterbewusstsein übergehen. Dann bauen Sie Liebesgeschichten von Abschnitt eins bis vier

der Handlungsmatrix, ohne an die Abschnitte selbst oder die Variablen zu denken.

Sie machen in Ihrem Heftroman zwei Figuren sehr glücklich, führen sie zusammen, weil sie zusammengehören. Sie erfinden einen Konflikt, machen Ihren Helden Leben und Liebe schwer und geben Ihnen am Ende das Gefühl, dass sie sich ihr Glück erst durch die Hindernisse wirklich verdient haben, denn es war nicht immer selbstverständlich, die beiden haben dafür gekämpft. Kämpfen Sie mit, rüsten Sie sich für das Schlachtfeld der logischen Liebesgeschichte!

5. Das Gute und das Böse

Der Heftroman ist bekannt für Kitsch und wenig Anspruch, aber auch für naive Helden und Heldinnen, die vor zwischenmenschlicher Güte triefen. In der Tat sind A und B das Gute, aber der Begriff des Guten ist natürlich relativ. Die beiden sind moralisch, politisch korrekt und die Liebe, die ihnen entgegengebracht wird, sind sie wert. Das heißt aber nicht, dass die beiden notwendigerweise konservative Kirchgänger in züchtigen Baumwollblusen sind. Sie sind der Autor, Sie erschaffen die Hauptfigur. Erfinden Sie keine Langweiler, auf die Sie herabschauen – zu sehr zu ihnen aufschauen sollten Sie allerdings auch nicht. Nehmen Sie das Gute einfach ernst, fragen Sie sich, welche Charaktereigenschaften Sie »gut« finden, was wirkt auf

Sie? Mischen Sie das mit ein bisschen Vorbildfunktion und etwas zeitgenössischer Lässigkeit und erschaffen Sie Gutes in Ihrem Heftroman, das Sie nicht heucheln müssen. A und B tun nichts, das im Großen und Ganzen nicht wieder gut zu machen wäre. Wenn sie Schuldgefühle haben, dann eher weil sie hart mit sich selbst ins Gericht gehen und nicht, weil sie schwer schuldig sind. Es kann auch sein, dass einer der beiden sich erst im Laufe des Romans zu einem wirklich guten Menschen entwickelt und in dieser Hinsicht zu Beginn auf mehr oder weniger charmante Art und Weise noch viel zu lernen hat.

Nichts auf der Welt kann gut sein, wenn nicht auch etwas böse wäre. A und B haben nicht selten einen Gegenspieler, das ist E.

E manifestiert und verstärkt die Sympathie, die man den beiden Hauptfiguren entgegenbringt, durch das eigene unmögliche Auftreten, Verhalten oder Intrigieren. E ist keine notwendige Figur, es kann aber hilfreich sein, das Böse zu personifizieren. In diesem Fall muss E sich aktiv an dem Konflikt beteiligen, C verdichten und auf den Punkt bringen (siehe auch Der Konflikt.).

So wie A und B das Happy End in sich tragen, fordert das Verhalten von E entweder eine Läuterung oder eine Strafe heraus. Am Ende bekommt der böse Intrigant die Rechnung und muss bezahlen. Entweder E sieht alle seine Fehler ein, entschuldigt sich und ist so vielleicht ein Teil der Konfliktlösung (D), oder aber er wird rigoros bestraft: trotz hoher beruflicher Ambitionen nach Timbuktu versetzt, um eine erhebliche Summe Geld erleichtert oder verhaftet oder …

E kann auch durch zwei Figuren verkörpert werden. Manchmal reicht ein Charakter nicht aus, um eine ganze

Intrige heraufzubeschwören. Es kann notwendig sein, seine Charaktereigenschaften oder zwielichtigen Talente auf zwei Figuren zu verteilen.

Sie müssen Gleichgewicht herstellen und am Ende aufräumen, was E angestellt hat. Während des Romans ist E der Gegenpol zu A und B. Zum Schluss bilden die Hauptfiguren als gleichberechtigtes, ausgeglichenes Pärchen in sich das nötige Gleichgewicht.

Das heißt aber auch, dass Sie Ihre Geschichte mit einem Ungleichgewicht beginnen. Am Anfang stehen Defizite der Figuren. Sie beschreiben dann den Weg vom Ungleichgewicht zum Gleichgewicht, vom defizitären zum vollständigen Charakter.

6. Das Verlieben

Sie erfinden zwei Figuren einzig mit der Intention, dass diese beiden sich ineinander verlieben können. Das müssen Sie gar nicht verstecken oder verschleiern, der Leser merkt sowieso sofort, wer da für wen bestimmt ist und interessiert sich mehr für das Wie der Geschichte als das Was. Sie erzählen die Geschichte einer Liebe auf 64 Heftseiten, da haben Sie wenig Platz für falsche Fährten oder ein überraschendes Ende. Denn das Element der »Überraschung« hat wenig dramaturgisches Potenzial, wie wir noch sehen werden. Sie müssen Ihre Verwicklungen erstens glaubwürdig darstellen und zweitens den Kriterien der Liebesgeschichte gerecht werden.

Eine Liebesgeschichte erzählt die Geschichte zweier Menschen zu fast gleichen Teilen – per Definition. Der Primärplot behandelt die Beziehung zwischen zwei Figuren aus der Sicht beider Figuren (z. B. *Romeo und Julia, Die Liebe in Zeiten der Cholera*). Dominiert die Sicht einer Figur, ist der Primärplot in der Regel eine Reifegeschichte und beschreibt die inneren und äußeren Entwicklungen dieser Hauptfigur. Die Liebe ist dann der zweite Handlungsstrang. So haben *Die Leiden des jungen Werther* und *Jane Eyre* die Liebe zwar zum Thema (unter anderem), sind aber hauptsächlich die Erzählungen von der Entwicklung Janes und Werthers. Im Liebesroman der Trivialliteratur ist die Liebe das Hauptthema. Sie erzählen die Geschichte zweier Menschen, die zueinander finden, und nicht die Geschichte eines Menschen, der den anderen (und sich selbst) findet.

Das Verlieben bringt Ihre Geschichte ins Rollen und gibt Ihren Figuren Motivation und Ziel: Der eine sieht den anderen und schon ist klar, wo er hin will, nämlich an die Seite des einen potenziellen Partners. Jede Figur hat nun eine Richtung und bewegt sich auf den Liebsten zu.

An dieser Stelle machen Sie sich klar, was diese Liebenden für Menschen sind. Wie alt sind sie, wo kommen sie her, warum ist es gerade dieser andere, den sie von Herzen lieben? In welcher Lebenssituation sind Ihre Figuren zu Beginn? Arbeiten sie, gehen sie noch zur Schule, studieren sie, wie stehen sie zu ihrer Familie? Sind sie glücklich oder unglücklich? Was haben sie erreicht, was wollen sie noch erreichen? Sind sie ambitioniert oder gelangweilt? Wer von den beiden ist was? Sind sie

beide antriebslos oder beide ehrgeizig? Ist gar jemand orientierungslos oder von vergangenen Liebschaften verletzt und verschreckt worden? Sie müssen nicht jede dieser Fragen für jede Figur beantworten. Vielmehr müssen Sie herausfinden, welche der Fragen den Kern Ihrer Helden trifft. Für den einen ist vielleicht die Familiensituation charakteristisch und prägend, während Ihrer zweiten Hauptfigur Arbeit alles bedeutet.

Sie müssen nicht immer die Geschichte von zwei Menschen erzählen, die sich neu kennenlernen. Aus alten Freunden können plötzlich Liebhaber werden, das kann sich sehr schön erzählen. Auch das Aufflammen einer alten Liebe kann spannend sein. Beachten Sie aber, dass die deutsche Durchschnittsbeziehung wenig dramaturgisches Potenzial hat. Es mag im Alltag sehr vernünftig und nachvollziehbar sein, dass ein junges Paar, bevor es entscheidet zu heiraten, erst einmal lange zusammen ist und auch zusammen wohnt. Sich das Ja-Wort zu geben, obwohl man noch nie zusammen gewohnt hat, ist nicht ratsam – aber spannend! Zumindest, wenn man eine Romanze erzählen will. Die Geschichte eines Pärchenalltags ist langweilig, Spannung entsteht nicht zwischen zwei Polen, die »sich ein Badezimmer teilen«. Sie entsteht zwischen zwei Figuren, die sich nach dem anderen sehnen, die nicht zusammenkommen können, deren erster Sex noch bevorsteht. Es mag unrealistisch sein, dass ein junges Paar, sich ihr gemeinsames erstes Mal für die Hochzeitsnacht aufhebt. Aber genau das macht die Hochzeit zum ungeduldig erwarteten Höhepunkt einer Geschichte. Sie erschaffen eben nicht nur zwei Figuren, die glaubhaft sein sollen, sie müssen in sich auch dramaturgisches Potenzial haben.

A und B werden, sind sie erst einmal vereint, ein beneidenswert schönes Paar abgeben. Diese Anlagen tragen beide schon in sich, wenn Sie ihre Geschichte beginnen, und Sie müssen bereits auf Exposéebene in wenigen Worten ausdrücken.

Eine mögliche Variation ist, dass sich nur einer der beiden verliebt und der andere seine eigenen Gefühle noch nicht erkennt oder noch entwickeln muss, das ist dann bereits Teil des Konflikts. Es muss aber auch unter diesen Umständen die Geschichte beider sein. Hier der Anfang eines Exposés zu *Ein verhängnisvoller Brautstrauß*:

Sommer. Nach ihrer Rückkehr vom Austauschjahr in den USA fängt Anni Behring (18) auf der Hochzeit ihrer Schwester Maria (22) den Brautstrauß. Während Annis Familie schmunzelnd an Annis Jugendfreund Patrick (19) denkt, hat Anni selbst nur ihren amerikanischen Boyfriend Matt (18) im Kopf. Den würde sie sofort heiraten!

Anni lebt sich in Deutschland nur schwer wieder ein. Auf dem elterlichen Hof ist sie zu nichts zu gebrauchen. Landarzt Dr. Arendt (49) diagnostiziert depressive Verstimmung und rät dazu, sich auf das Leben hier wenigstens versuchsweise wieder einzulassen. Auch Jungbauer Patrick ist über Annis Fernweh sehr traurig, denn im Gegensatz zu ihr hat er den damaligen Abschiedskuss nicht vergessen.

Anni ist hier A und Patrick B. Auch wenn Anni noch glaubt, dass Matt (E) sie (fern der Heimat) glücklich machen kann, ist in Wahrheit Patrick der Richtige für die junge Frau.

Bedenken Sie bei Ihrer Ausgestaltung immer, dass eine Geschichte von Steigerung und Entwicklung lebt, etwas fängt klein an und wird immer größer oder beginnt mit einem Knall und baut dann ab. Sie haben die ganze Bandbreite vom ersten

Blickkontakt bis hin zu leidenschaftlichem Sex zur Verfügung. Anni und Patrick haben sich zugegebenermaßen einmal zum Abschied geküsst, aber das ist ihre Vorgeschichte. Davon erfährt der Leser zwar, aber dessen Zeuge wird er nicht. Der Kuss macht diese beiden lediglich zu einem potenziellen Paar. So stehen Anni und Patrick zu Beginn quasi bei Null. Mit Spannung erwartet der Leser den ersten körperlichen Kontakt. Anders sieht es in dem folgenden Fall aus:

Diesen Sommer findet das wichtigste Séjours der Saison auf Schloss Prenn statt. Patrizia Fürstin von Prenn zu Daringhausen (45) kann es kaum erwarten, ihre burschikose Tochter Prinzessin Felizitas (20) während des einwöchigen Tanztees mit anschließendem Ball an den Mann zu bringen. Erste Wahl ist Christian Prinz von Findenburg (23). Christian aber begegnet unerwartet Sarah Grundt (22), der neuen Hilfsköchin von Schloss Prenn und schenkt ihr sein Herz. Auch die bürgerliche Sarah kann dem Charme des Prinzen nicht widerstehen. Beim Sommerball tanzt Christian nicht mehr als notwendig mit Prinzessin Feli und trifft Sarah im Schlosspark, wo beide sich ihre Gefühle erklären und eine aufregende Liebesnacht erleben.

Man kann den Leser Schritt für Schritt an den Höhepunkt heranführen (Anni und Patrick) oder mit einer relativen emotionalen Explosion einsteigen (Sarah und Christian). Beides ist möglich, solange Sie die Entwicklung im Auge behalten. Auch die Liebesnacht von Sarah und Christian ist nicht ihre erste Begegnung. Liebe hat viele Stufen, betreten Sie so viele davon wie möglich und bleiben Sie mit Ihrer Geschichte in Bewegung. Stillstand ist der Tod der Geschichte, das Happy End auf jeden

Fall aber das Ende. Sie werden die Fragen nach Entwicklung und Steigerung vor allem in der Treatmentphase beantworten. Aber schon das Exposé bedarf erster Überlegungen in diese Richtung.

Es kann auch reizvoll sein, ein Paar zu zeigen, dass sich mehr neckt als liebt. Ihr Konflikt begründet sich dann darin, dass zwei stolze Hauptfiguren sich weigern, nett zu einander zu sein, obwohl sie sich eigentlich verliebt haben. Aber auch und gerade hier gilt: das perfekte Paar muss A und B schon zu Romanbeginn innewohnen. Man muss nicht nur ahnen, dass sie miteinander glücklich werden können, es muss auch bildlich vorstellbar sein. Ein Exposéanfang aus dem Arztbereich:

Hetty Blank (27) ist die persönliche Assistentin der erfolgreichen Ärztin Dr. Valerie Andenthal (55). Dezent im Hintergrund organisiert die strukturierte junge Frau das Leben der weltweit gefragten Chirurgin, die sich in der besten Gesellschaft Europas bewegt. An der offiziellen Feier zu Arne Andenthals (30) Geburtstag trifft die fleißige Assistentin zum ersten Mal auf den charmanten Sohn ihrer Chefin. Er ist der strahlende Mittelpunkt seiner Party. Hetty wollte nur kurz eine Terminverschiebung mit Dr. Andenthal besprechen und sich wieder zurückziehen, aber Arne lädt sie ein, mit ihm zu feiern. Er vernachlässigt berühmte Gäste und macht der irritierten Hetty routiniert und etwas übertrieben den Hof. Die unnahbare Hetty ist zwar geschmeichelt – der junge Mann sieht wirklich sehr gut aus – hat aber wenig Interesse an einem Blender, der sich als Verehrer gefällt. Verwirrt verlässt sie das Fest – nichts ahnend, dass es Arne wirklich erwischt hat. Tief gekränkt über die Zurückweisung beschließt der junge Mann, seine Gefühle für Hetty hart von sich wegzustoßen.

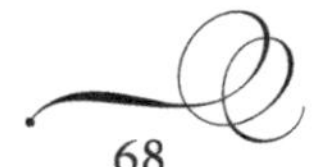

Machen Sie sich klar, wie weit die Liebe Ihrer Hauptfiguren vor Einbruch des Konfliktes schon gediehen ist. Haben A und B sich schon geküsst, verlobt, miteinander geschlafen? Wissen sie schon, dass sie füreinander bestimmt sind? Alles ist möglich, Sie müssen es nur erstens steigern können und zweitens bis zu Ende denken. Das heißt, wenn Sie nicht vorhaben, zwischen den Liebenden mehr als einen Kuss geschehen zu lassen, dann ist dieser Kuss das Höchste und damit Letzte, das vor dem Konfliktausbruch passiert. Sollen Ihre beiden Hauptfiguren Sex haben, kann es nach dem Kuss natürlich noch weiter gehen. Jetzt ist die Fallhöhe des Paares allerdings ungleich höher, denn sie waren sich bereits sehr nah. Das verändert auch das Ende, denn Sie müssen auf das Glück, das vor dem Konflikt herrschte, noch eins draufsetzen. Das Happy End ist »happier« als alles vorher. Wie viel Pulver wollen und können Sie also vorher schon verschießen? Sie sollten im Falle einer schon vor dem Konflikt sehr weit gediehenen Liebesbeziehung einen Trumpf im Ärmel haben, zum Beispiel eine besonders romantische Hochzeit oder vielleicht eine Schwangerschaft aus der letzten Nacht vor der Trennung.

Planen Sie für das Verlieben ungefähr ein Viertel der Gesamtlänge Ihres Exposés ein. So viel Platz werden Sie brauchen, um – im Verhältnis zum restlichen Entwurf – die Ausgangssituation glaubhaft zu erklären.

Sie haben die Liebe in der Hand und können sie zu einem guten Ende führen, können Verführung und Versuchung in die Wege leiten, können es knistern und Träume wahr werden lassen. Aber dafür müssen Sie sie erst erfinden, diese Träume vom ewigen Glück mit dem einen, einzigen Partner …

7. Der Konflikt

»Die Liebe lebt von ihrer Distanz zum Objekt, obwohl es als Streben in aller Liebe liegt, diese Distanz zu überwinden«, sagt der Österreichische Philosoph Ferdinand Ebner. Von der Liebe erzählen heißt, von dem zu erzählen, was trennt. Nur zwischen zwei voneinander entfernten Polen kann Spannung entstehen. Der Kern Ihrer Geschichte ist der Konflikt, ihr Herzstück ist das, was die Herzen der Liebenden zerreißt. Sie beginnen, wie oben gezeigt, mit zwei Figuren, die erschaffen sind, um einander zu lieben, und müssen nun etwas erfinden, das diese Liebe gefährdet. Was aber kann dieses große Gefühl bedrohen?

Menschen sind nicht nur fühlende Wesen, die wann immer sie wollen alle ihre emotionalen und körperlichen Bedürfnisse befriedigen können. Sie sind gesellschaftlich integriert und wachsen mit Konventionen auf. Es werden Erwartungen an sie gestellt, die sie erfüllen sollen, wollen oder müssen. Sie sind vernünftig, haben Verantwortungen und Verpflichtungen.

Auf der Zeitachse der Kulturgeschichte finden wir den Höhepunkt des Romantischen in der Epoche der Romantik. Hier war das Fühlen ein Hauptmotiv und auch unser heutiges Bild der romantischen Liebe hat seinen Ursprung in der Zeit von 1797 bis 1830. Über die hier unzureichend beschriebene Epoche der Romantik gäbe es viel zu sagen. Was aber ist für den perfekten Heftromanautor von Interesse?

Die Romantik als solche war eine Antwort auf und Gegenbewegung zu ihrem Vorgänger: der Aufklärung. Das vernunftbeherrschte Zeitalter der Aufklärung, die Fokussierung auf Verantwortung und Verpflichtung wurden mit der Romantik überwunden. Kulturgeschichtlich haben wir hier zwei Gegenpole, die sich auf die Dramaturgie von Liebesromanen übertragen lassen. Verantwortungs- und Pflichtgefühl funktionieren nicht nur historisch als Antagonisten der Liebe. Die Vernunft und das Romantische sind Feuer und Wasser, ihnen wohnt Spannungspotenzial inne, das sich jeder Liebesromanautor zu Nutze machen kann.

Held und Heldin wären das perfekte Paar, wären da nicht die Konventionen des Adels, die Erwartungen der Eltern, das Versprechen, das man einem anderen Menschen, den man gar nicht (mehr) liebt, gab ... Vernunft kann sich mit einem Irrglauben paaren, eine Figur zum Beispiel der Liebe entsagen, weil sie glaubt, damit jemandem zu schaden, dem sie wirklich nicht schaden will. Ein Missverständnis kann aus einem Märchenprinzen eine persona non grata machen, jemanden, den man trotz aller Anziehungskraft vergessen will. In der Vergangenheit kann etwas vorgefallen sein, dass eine (Wieder-) Vereinigung der Liebenden scheinbar unmöglich macht.

Wenn Sie sich fragen, was die Beziehung Ihrer Hauptfiguren verhindern kann, werden Sie automatisch Gründe finden, die in der Vernunft ihren Ursprung haben. Mitunter braucht es erst einen Auslöser, der dazu führt, dass Ihre Figur sich zwischen Liebe und Vernunft entscheiden muss. Ein intrigierender Nebenbuhler (E), ein schrecklicher Unfall oder ein zufälliges Missverständnis, aber was es auch ist, die »liebende« Figur muss schon zu Beginn Anlagen zu diesem Konflikt in sich tragen. Unsere Brautstrauß-Anni (A) will ja auch nicht plötzlich lieber mit Matt (E), als mit Patrick (B) zusammen sein. Ihre Sehnsucht nach Matt und den USA wohnt Anni schon zu Beginn der Geschichte inne. Matt fehlt ihr schon, wenn wir in die Geschichte einsteigen. Während es für Anni also schon einen Grund gibt, sich nicht auf Patrick einzulassen, steht unser Held der jungen Frau noch eine Weile bedingungslos zur Verfügung:

Annis resolute Großmutter Heide (73) schafft es schließlich der Enkelin das Landleben wenigstens wieder ein bisschen näherzubringen: Als bei einer Fohlengeburt das Muttertier stirbt, zwingt Heide Anni die Fürsorge der jungen Stute auf. Über diese verantwortungsvolle Aufgabe vergisst die junge Frau mehr und mehr die USA zu vermissen. Noch immer schreibt sie Matt Liebesbriefe, aber mit Patrick muss sie von Angesicht zu Angesicht über Pferdefutter verhandeln, er ist immer für sie da und sein Humor und seine Wärme lassen sie nicht kalt.

Dann taucht Ende November plötzlich Matt Smith (18) auf. Er will die geliebte Deutsche heiraten und schnell mit nach Chicago nehmen. Überwältigt von seiner Ankunft und in Gedanken an den schicksalhaften Brautstrauß verlobt sich Anni mit dem jungen Mann, der in ihrer Familie eher auf Ablehnung stößt. Was für die Bauern harte Arbeit ist, ist ihm lediglich eine spannende Disneyland-Freizeitwelt.

Geplagt von seinen Gefühlen für Anni, die keine Zeit mehr für ihn hat, trifft der Jungbauer Patrick auf Dr. Arendt und klagt sein Leid. Der Landarzt rät dem jungen Mann sich zurückzuziehen und während Patrick tatsächlich schweren Herzens aus Annis Leben verschwindet, wird Matt nahezu unausstehlich. Er will mit Anni zurück in die USA, ungeachtet dessen, dass ihr ein endgültiger Abschied aus Deutschland dann doch schwer fallen würde. Zähneknirschend bleibt der junge Amerikaner vorerst auch über Weihnachten im bayerischen Dorf.

Der Leser weiß, dass Patrick der Gute ist und Matt ein Idiot, aber wird Anni das begreifen? Und ist es dann zu spät, um Patrick um Verzeihung zu bitten? Während Anni sich von Matt blenden lässt, ist Patricks Problem eher, dass er der jungen Frau bedingungslos zur Verfügung steht, dass sie ihn für selbstverständlich hält.

Helden und Heldinnen werden also sowohl für die Liebe als auch für den Konflikt erschaffen, beides wohnt ihnen inne und ist Teil des Charakters, den Sie als Autor konzipieren. Es ist durchaus möglich den Konflikt einseitig zu gestalten. A wäre dann hauptsächlich von C selbst betroffen und zieht sich aus der Beziehung zurück, während B unter den Auswirkungen leidet, darunter, dass er/sie verlassen wurde. Anni ist zum Beispiel aktiver am Konflikt beteiligt als Patrick. Er liebt sie und leidet darunter, dass sie Matt will. Er macht es der Jugendfreundin zwar zu einfach, aber er ist nicht derjenige, der die Beziehung unmöglich macht. Das ist sie.

In der Konfliktphase Ihres Exposés müssen Sie erstmals auf offene Warumfragen achten:

Louise (A) wartet auf Henning (B). Wenn er heute pünktlich kommt, wird sie ihm trotz der seltsamen Geschichte mit seiner Exfreundin glauben, dass er sie liebt. Aber Henning ist wieder zu spät, sodass Louise entrüstet geht und die Beziehung als beendet betrachtet. Warum kommt Henning nicht zu dem Treffen? Was ist wichtiger als pünktlich bei der Verabredung mit seiner großen Liebe zu sein? Warum ist es wichtiger?

Sascha (A) misstraut Lisa (B), weil jemand angedeutet hat, sie wäre treulos und oberflächlich. Warum würde Sascha diesem »jemand« mehr Glauben schenken, als seiner großen Liebe?

Sind Sascha und Lisa sich ihrer Liebe noch gar nicht sicher? Warum das? Das dürfen Sie nicht offen lassen.

Obwohl Ariana (A) auf Christian (B) steht, lässt sie ihn nicht an sich heran. Warum? *Ariana will grundsätzlich keine feste Beziehung und lässt sich auf niemanden ein.* Warum? Ist sie einmal sehr enttäuscht worden? Inwiefern?

Stefan (A) würde niemals etwas mit Clara (B) anfangen, weil Clara der erklärte Feind ist. Warum ist sie das? *Claras Familie hat Stefans Verwandten früher einmal sehr geschadet.* Warum hat das noch Bedeutung? Warum ist es wichtiger als die große Anziehungskraft zwischen Stefan und Clara? Warum?

Warumfragen lauern überall, und Sie als Autor müssen für jede dieser Fragen eine Antwort parat haben. Offene Fragen sind wie Lecks in einem Boot und Ihre dramaturgische Aufgabe ist es, diese abzudichten. Machen Sie Ihrem Leser glaubhaft, dass dieses entzückende Paar wirklich nicht glücklich werden kann, dass die beiden in einer Welt und Gesellschaft leben, in der ihre Liebe auf eine harte Probe gestellt wird. An sich ist nichts unmöglich, Sie müssen es nur plausibel erklären können.

Sie erinnern sich an Sarah und Prinz Christian. Er hat sich in die schüchterne Köchin verliebt. So weit so gut. Das Verlieben ist etabliert und außer, dass Christian eine andere heiraten soll, gibt es keine Probleme für die Liebenden. Ja, es hat gut angefangen für dieses Pärchen, aber auch Sarah und Christian bekommen natürlich ihre Probleme:

Zurück auf dem Schloss seiner Familie ignoriert Christian die Fragen bezüglich Felis und setzt alles daran, seinen Vater <u>Ludwig</u>

Fürst von Findeburg (51) davon zu überzeugen, dass die Schlossköchin dringend entlastet werden muss. Währenddessen hat Sarah Schloss Prenn wieder verlassen und ist bei ihrem Bruder Alexander Grundt (25). Die Unterschiede zwischen ihr und »Fürstens« sind ihr nur zu bewusst geworden. Als Schloss Findenburg ihr schließlich offiziell eine Festanstellung anbietet, sagt sie mit gemischten Gefühlen zu. Sie vermisst Christian und sehnt sich nach ihm, aber an eine gemeinsame Zukunft kann sie nicht mehr glauben. Der Alltag der Adeligen hat sie eingeschüchtert. Entsprechend zurückhaltend begegnet sie dem Prinzen bei ihrer Ankunft auf Findenburg. In seiner Gegenwart fühlt sie sich unwohl. Christians Plan geht nur zur Hälfte auf. Sarahs Können und ihr sympathisches Wesen nehmen zwar seine Eltern für sie ein, aber er selbst beginnt an ihren Gefühlen zu zweifeln.

Die Damen Prenn sagen sich übers Wochenende an und Fürstin Patrizia fällt aus allen Wolken, als sie sieht, wohin es ihre ehemalige Aushilfsköchen verschlagen hat. Sofort erspürt sie den Grund für diesen Arbeitsplatzwechsel und sieht die geplante Ehe ihrer Tochter in Gefahr. Sie erzählt Elena von Findenburg (48), dass Sarah eine intrigante Person ist, die es offensichtlich auf einen adeligen Bräutigam abgesehen hat. Sarah hört das zufällig mit an und ergreift die Flucht. Sie glaubt nicht, dass man nach ihrer Version der Geschichte fragen würde und wenn, würde man ihr nur bestätigen, dass sie unwürdig ist. Auch Christian wird früher oder später einsehen müssen, dass sie ihn nur blamieren, aber auf keinen Fall glücklich machen wird. Sarah verschwindet schweren Herzens und ohne ein weiteres Wort aus dem Schloss. Nie hat sie so sehr gelitten, aber sie würde sich in dieser Welt des Hochadels nie wohlfühlen. Christian sieht in diesem feigen Verschwinden eine Bestätigung seiner Zweifel, Sarah hat ihn nie geliebt! Dar-

unter leidet er zwar, aber nachlaufen wird er der rückgratlosen Köchin nicht.

Sarah und Christian sind nun an einem Punkt, an dem sie einander nicht mehr sprechen wollen. Jeder hat einen Grund, den anderen nicht anzurufen. Es mag Ihnen romantisch erscheinen, eine Geschichte über zwei Figuren zu schreiben, die zueinander wollen, aber nicht können. Das ist möglich, aber bitte bedenken Sie, dass junge Menschen in der heutigen Zeit multimediale Profis sind. Selbst in den Bergen muss einiges passieren, damit ein aufgeschlossener, junger Held überraschend weder Telefon, Internet noch Handy zur Verfügung hat, und das tagelang.

Ein einziger Konflikt zieht eine Menge an Bedingungen nach sich. Sie als Autor dürfen diese Bedingungen und Voraussetzungen allerdings nicht zu einem multiplen Konflikt werden lassen. Konzentrieren Sie sich auf ein Problem! Erfinden Sie nicht ein zweites, um von offenen Warumfragen abzulenken oder weil Sie sich nicht entscheiden können, ob das Problem der Liebe nun durch gesellschaftliche Konventionen oder eine eifersüchtige Heldin ausgelöst wird. Im Falle von Sarahs Geschichte könnte Eifersucht sowohl für Sarah selbst zum Problem werden als auch für Prinzessin Felizitas Grund zu einer Intrige sein. Aber das ist unnötig, denn es gibt bereits einen Konflikt, den man nur verwässern würde, wenn man Eifersucht mit ins Spiel brächte.

Konflikte blockieren sich gegenseitig. Sind sie einzeln und für sich genommen auch noch so spannend – wenn sie parallel laufen und wenig oder sogar nichts miteinander zu tun haben – zerstören sie das jeweils andere C. Bleiben Sie bei einem Konflikt, bauen Sie ihn aus und schenken sie ihm Ihre

ganze Aufmerksamkeit. Seien Sie vorsichtig mit der Eifersucht. Der Gegner der Liebe ist die Vernunft. Eifersüchtige Menschen wirken sehr schnell dumm oder werden zu wahnsinnigen Stalkern. Das kann eine Eigenschaft von E sein, wenn Sie aber A oder B eifersüchtig haben wollen, müssen Sie sehr genau planen und Missverständnisse sorgfältig einfädeln. Ihre Helden dürfen keine dummen Stalker werden und auch niemanden betrügen, den sie lieben. Behalten Sie das immer im Hinterkopf, wenn Sie mit der Eifersucht umgehen.

Distanz zwischen Ihre Figuren zu bringen, wird Sie ein weiteres Viertel, wahrscheinlich aber eher die Hälfte des Exposés kosten. Den Konflikt glaubhaft aufzubauen braucht Raum.

Machen Sie es Ihren Figuren nicht zu einfach. Die beiden werden am Schluss *glücklich bis ans Ende ihrer Tage* leben, da können sie jetzt ruhig durch die Hölle gehen! Seien Sie mutig! Trauen Sie sich an Konflikte heran, die auf den ersten Blick vielleicht gar nicht in einen Heftroman gehören. Die Trivialliteratur ist in dieser Hinsicht offener als ihr Klischee vermuten lässt. Also, reißen Sie auseinander, was zusammen gehört und lassen Sie A und B leiden!

8. Die Lösung

Nachdem Sie nun zwei Menschen, die füreinander bestimmt waren, getrennt haben, stehen Sie vor dem eigentlichen Problem: Wie bringt man sie wieder zusammen? Sie brauchen eine Lösung für einen scheinbar unüberwindbaren Konflikt. Wenn Sie C ernst genommen haben, haben Sie nun einiges zu leisten, um den lieben Frieden wieder herzustellen. Liebe braucht eben nicht nur Distanz, sondern auch deren Überwindung.

Die Warumfragen, denen Sie hier in der Lösungsphase begegnen werden, sind auf einem höheren Dramaturgieniveau, als die des Konflikts.

Sarah und Christian werden sich nur dann wiedersehen, wenn sich einer von den beiden darum bemüht, den anderen zu treffen. Warum aber sollte Sarah zu einem Mann zurückkehren, den sie ihrer Meinung nach nur unglücklich machen wird und in dessen Gegenwart sie sich unwohl fühlt? Warum sollte der Prinz nach einer Frau suchen, die ihn in seinen Augen nur benutzt, ihn also sehr verletzt hat. Kurzum, diese beiden werden sich nie wiedersehen. Natürlich ist es Ihre Aufgabe als Autor aus diesem »nie« ein »unter ganz bestimmten, hart erkämpften und romantischen Umständen« zu machen. Was können das für Umstände sein? Sie werden vielleicht Hilfe von ein bis zwei anderen Figuren brauchen, die klarer sehen, als unsere verletzten Helden:

Die burschikose, patente Prinzessin Feli macht sich den richtigen Reim auf Sarahs Verschwinden. Sie hat die Hilfsköchin immer gemocht und an Prinz Christian wenig Interesse. Sie will sich einfach noch nicht verloben, aber dass Christian und Sarah sich aus Liebe gegenseitig unglücklich machen, hat sie schon bei ihrer Ankunft auf Schloss Findenburg bemerkt. Während ihre Mutter wieder nach Hause fährt, macht die Prinzessin sich auf die Suche nach Sarah und findet die junge Frau schließlich bei deren Bruder Alexander Grundt (25). In der WG des Studenten herrscht ein turbulentes Leben, das der Prinzessin sehr viel mehr zusagt, als die steifen Tanztees ihres Standes. Sarah schüttet der sympathischen Feli ihr Herz aus und die Prinzessin macht sich daran, die Minderwertigkeitskomplexe ihrer neuen Freundin zu Nichte zu machen. Als Alex Zweifel an Felis Theorie – Liebe kenne keinen Stand – äußert, sieht sich die Prinzessin herausgefordert. Sie packt Alex und Sarah ins Auto und fährt nach Schloss Prenn, wo sie Alexander Grundt, ohne ihn vorher eingeweiht zu haben, als ihren Verlobten vorstellt. Feli stößt ihre Mutter eiskalt vor den Kopf und stellt sie vor die Wahl: Entweder diesen Schwiegersohn oder keine Tochter mehr! Schließlich gibt Fürstin Patrizia nach und lädt Alex ein, auf dem Schloss ein paar Tage zu verbringen. Die Geschwister sind zwar beeindruckt – Sarah hat alles im Nebenraum mitgehört – aber Alex findet auch, dass das ein recht makaberer Scherz ist. Das war kein Scherz, erwidert Feli selbstbewusst. Sie würde Alex sofort heiraten. Der Student ist baff und während sich das ungewöhnliche Paar seine Gefühle gesteht, zieht Sarah sich zurück. Sie hat genug gesehen. Sie weiß jetzt, dass sie sich nicht verstecken muss, nur weil sie nicht adelig ist.

Sarah fährt nach Findenburg. Sie ist sehr nervös und bringt all ihre Kraft auf. Aber sie schafft es Fürst und Fürstin selbstbewusst um Verzeihung für ihr Verschwinden zu bitten. Sie erklärt außerdem ihre emotionale Situation und stößt mit dieser Offenheit auf Gehör. Christians Eltern raten ihr, sich schleunigst mit dem Prinzen auszusprechen.

In Geschichten, in denen Figuren stark an Traditionen und familiäre Konventionen gebunden sind, bietet es sich an, A einen Partner erwählen zu lassen, den die Familie nie akzeptieren würde. Im Heimatroman findet man konservative Großbauern, die den Hof nicht an eine Friseurin vererben wollen. Im Adelsroman liegt der Konflikt zwischen Hochadel und Bürgertum sehr nahe. Das Happy End des Heftromans kann kein Rückzug aus der Familie sein. Kein Prinz oder Bauernsohn kann Schloss oder Hof verlassen, seine Familie vor den Kopf stoßen, um mit der Geliebten glücklich zu werden. Prinzessin Felizitas droht ihren Rückzug an, weil sie weiß, dass es nie soweit kommt und ihre Mutter eine Lektion braucht, nicht, weil sie ihre Familie wirklich verlassen will. Sarahs Mut und Offenheit erobert schließlich die Fürsten Findenburg. Sie als Autor müssen dafür sorgen, dass die Liebe gewinnt. Wenn Sie einfach einen Adelstitel für eine Figur wie Sarah aus dem Hut zaubern würden, hätte nicht die Liebe, sondern die gesellschaftliche Konvention gewonnen. Bauen Sie keine Mauern weiter, die Sie eigentlich niederreißen müssten. Adel bleibt Adel, aber selbst ein Herzog ist von niederem Stand verglichen mit der Liebe. Das heißt natürlich nicht, dass Ihr Konflikt immer auf gesellschaftlichen Konventionen basieren muss. Ein Prinz kann sich auch in genau die Gräfin verlieben, die seine Eltern für ihn vorgesehen haben, und trotzdem eine aufregende Liebesgeschichte erleben. Irgendwas wird Ihnen schon einfallen, was diese beiden auseinanderreißt.

In der Lösung zeigt sich auch, was die Figuren gelernt haben. Seit Sie als Autor A und B etabliert haben, ist Zeit vergangen, ihnen sind Liebe und Trennung widerfahren, das hinterlässt Spuren, macht reifer. Was haben Ihre Figuren daraus gelernt, dass sie für die Liebe haben kämpfen müssen? Was ist

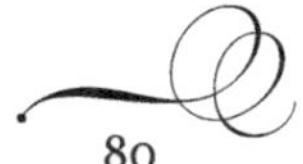

ihnen bewusst geworden, wo sind sie hingekommen? Nicht nur adelsstolze Eltern und eifersüchtige Nebenbuhler sollten ihre Lektion gelernt haben, gerade A und B, die im Mittelpunkt stehen, deren Geschichte Sie hier erzählen, müssen sich bis spätestens nach der Konfliktlösung (D) verändert haben. Sarah hat zum Beispiel ihre Minderwertigkeitskomplexe überwunden. Sie schreiben keinen psychologischen Entwicklungsroman, aber statische Helden sind langweilig. Stillstand ist und bleibt der Tod, sorgen Sie für Entwicklung und Steigerung!

Mit Ihrer Konfliktlösung stellen Sie Gleichgewicht her. Sie beginnen Ihren Roman nicht – wie das Klischee verspricht – in totaler Harmonie, sondern in einer Situation, in denen den Helden etwas fehlt. Am Anfang müssen A und B noch etwas über sich lernen und sich natürlich auch noch verlieben. Am Ende haben Sie Ihre Figuren vervollständigt: diese haben gelernt und geliebt, sie lieben noch und immerdar. Aber was Sie als Autor ebenfalls im Auge haben müssen ist das Gleichgewicht. Jeder Fehler muss bestraft und/oder gesühnt werden. Es gibt nichts umsonst, auch im Heftroman nicht. Figuren bezahlen für ihre kleinen und großen Fehler. E wird bestraft, A und B werden für ihren Kampf um die Liebe mit der Liebe belohnt. Aber auch Romanhefthelden machen Fehler, sie sind natürlich keine Engel. Achten Sie in Ihrer Konzeption darauf, wann diesen Helden ihre Fehler verziehen werden – niemals einfach so. Sie müssen um Verzeihung bitten, zu Kreuze kriechen und Wiedergutmachung leisten.

Als Autor bringen Sie die Welt des Romans spätestens nach der Konfliktlösung vollständig ins Lot. Sie erschaffen diese Welt zu Beginn mit kleinen Fehlern und Ungereimtheiten. Anni aus *Ein verhängnisvoller Brautstrauß* zum Beispiel sehnt sich fort aus ihrem beschaulichen Bergdorf. Für die junge Frau ist die Welt keine Idylle, sie ist unvollständig. Die Befreiung von eben jenen Unvollständigkeiten ist ein Weg, der über das Drama, größere Fehler und den Konflikt geht, um am Ende in friedlichem Gleichgewicht zu treiben. Das ist das Equilibrium des Happy Ends.

Im Arztroman unterliegt die Konfliktlösung einer Besonderheit. D wird hier immer durch den Arzt, welcher der Reihe ihren Namen gibt, in die Wege geleitet. Dr. Stephan Frank & Co. sind Mentoren, gute Hirten, die Missverständnisse aufklären und im Falle von Streits vermitteln. Auch die Brautstrauß-Romanze um Anni, Patrick und Matt agiert mit einer Arzt-Figur, welche maßgeblich an der Konfliktlösung beteiligt ist. Zwar hat der Landarzt Dr. Arendt keine eigene Serie mit einem festgelegten Figurenkanon, dennoch setzt das Romanexposé ihn zu der Geschichte in das Verhältnis, indem auch Dr. Norden zu seinen Geschichten steht.

Am ersten Weihnachtsfeiertag sind die Behrings bei Maria eingeladen. Anni fährt mit Matt in ihrem kleinen Auto allein ins Nachbardorf. Übermüdet und genervt wettert Matt auf alles, was ihm einfällt, auch auf den »Provinztrottel« Patrick. Ein bitterer Streit bricht los und Anni kommt vom Weg ab. Sie verfahren sich im Schnee und wütend lässt die junge Frau ihren Verlobten und das Auto zurück. Keine Sekunde länger wird sie zuhören, wie er schlecht macht, was sie liebt. Als Anni völlig durchgefroren bei Maria ankommt, bringt man sie ohne Umwege zu Dr. Arendt, der sie medizinisch versorgt und rät, das nächste Mal doch ruhig den Verlobten zu verlassen, aber auf keinen Fall das Auto.

Bauer Behring (43) findet den orientierungslosen Matt und bringt ihn auf den Hof zurück, wo Anni sich ein Herz fasst und

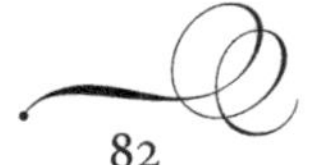

die Verlobung löst. Sie weiß jetzt, dass sie Matt nicht liebt und ihr Leben nicht in den USA verbringen will. Wutschnaubend reist der Exverlobte ab.

Die Arbeit auf dem Hof und die Vorbereitungen für das Abitur helfen Anni ihr Heimatdorf wieder voll und ganz ins Herz zu schließen. Zu ihrem Glück fehlt ihr nur noch Patrick. Sie muss ihn um Verzeihung bitten, aber wie wird er reagieren? Ihr Weg zu seinem Hof ist ein Gang nach Canossa, aber nach anfänglichem Zögern empfängt Patrick sie mit offenen Armen …

Ein glaubhafter Konflikt und eine glaubhafte Lösung sind ein unschlagbares Team, ein sicherer Wegweiser und ein Netz, das Sie als Autor auffängt, wenn Sie während des Schreibens das Ziel aus den Augen verlieren. Verwenden Sie Zeit auf diesen Spannungsgarant, planen Sie sorgfältig und machen Sie es sich nicht zu einfach. Lassen Sie nicht ohne weiteres Zeit verstreichen. Die mag zwar alle Wunden heilen, aber je aktiver Figuren, um ihre Liebe kämpfen, desto spannender wird die Geschichte. Punkt zwei und drei der Handlungsmatrix sind Kopfnüsse, haben Sie die gelöst, ist der Rest fast bequemes Runterschreiben.

Vertrauen Sie bei Ihrer Konzeptionierung auf die Antagonisten Liebe und Vernunft. Die Handlung eines Liebesromans darf auch kriminelle Züge tragen, aber Spannung muss hier hauptsächlich aus den oben genannten Gegenpolen gewonnen werden. Ein Raubüberfall oder Mord und dessen Aufklärung kann Anstoß zum Konflikt und Teil der Lösung sein, aber die Liebe selbst muss Probleme bekommen, eine komplette Auslagerung des Konflikts in die rationale Welt widerspricht der Grundidee des Liebesheftromans.

Das Happy End ist das Ausatmen der Konfliktlösung. Es ist ein Bild, das Sie ans Ende stellen, das zeigt, dass alles gut ist, dass die Liebe gewonnen hat. Die Entwicklungen der Figuren werden manifestiert und E bestraft oder geläutert.

Die Lösung (D) und das Happy End sind das letzte Viertel Ihres Exposés. Je nachdem, wie viel Platz Ihr Konflikt bisher eingenommen hat, kann die Lösung auch mal bis zur Hälfte des Entwurfs in Anspruch nehmen. Für das glückliche Ende hingegen reichen im Exposé wenige Sätze:

Sarah geht zu Christian und bittet auch ihn um Verzeihung und erklärt die Vorkommnisse und ihre Liebe. Diesmal glaubt er ihr und bittet sie um ihre Hand.

Maria überreicht Anni vor deren Trauung einen wunderschönen Brautstrauß.

Also, bringen Sie zusammen, was zusammen gehört!

9. Das Personenregister

Ihr Exposé ist nun fertig und zeichnet die Dramaturgie Ihrer Geschichte vor. Es setzt Ihre Figuren ins Verhältnis zu der Geschichte. Sie haben nun einen Bezug zum Spannungsbogen. Bevor Sie weiterarbeiten, müssen Sie als Autor sich diese Figuren aber noch klarer machen. Das beginnt mit der Frage

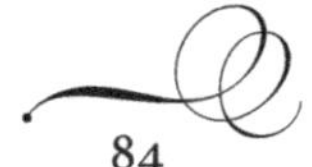

nach dem vollen Namen und endet mit der, nach den wichtigsten Charaktereigenschaften.

Namen unterliegen der Mode und darüber hinaus sind Geschmäcker verschieden. So ist es zum Beispiel eine Regel der weiblichen Hauptfigur einen edlen schönen Namen zu geben, aber weder schön noch edel sind in diesem Zusammenhang definiert. Erschafft der eine Autor eine Prinzessin Chantal, sträuben sich dem anderen die Nackenhaare.

Ihnen als Autor bleibt nichts anderes übrig, als Ihrem Geschmack zu folgen. Sollten Sie mit Kunigunde für A daneben liegen, wird spätestens Ihr Redakteur mit »Strg F« eingreifen. Falls Ihnen mal kein passender Name einfällt, machen Sie nicht so viel Aufhebens darum. Schlagen Sie einfach das Telefonbuch auf und benennen Sie Ihre Figur nach dem erstbesten Eintrag, auf den Ihr Blick fällt.

Wichtiger als der Glaube daran, dass der Name der Figur ein Gesicht gibt, ist die leichtere Orientierung im Text durch die Benennung der Figuren. Zumindest die Vornamen aller wichtigen Figuren sollten unterschiedliche Anfangsbuchstaben haben. Dies gilt vor allem für die Charaktere gleichen Geschlechts. Mutter und Tochter Maria und Margot zu nennen, oder A und E Marianne und Maria zu taufen erschwert die Lesbarkeit. Der Leser soll in dem Roman nicht unnötig hin und her blättern müssen, um nachzusehen, wer nun wer war.

Im Durchschnitt hat ein Heftroman sechs handelnde Figuren und bis zu sechs weitere, die als Randfiguren hin und wieder vorkommen. Bevor Sie mit dem Treatment beginnen, müssen Sie Ihre Figuren sortieren. Wer heißt wie mit Nachnamen, sieht wie aus, ist wie alt?

Wenn Sie später Ihren Roman schreiben, werden Sie sehr schnell vergessen, welche Augenfarbe ihr Held im ersten Kapitel hatte. Sie wollen am Ende auch nicht feststellen, dass sie zum Beispiel die beiden Mutterfiguren fast gleich beschrieben haben. Sie brauchen einen Überblick, auf den sie während des Schreibens jederzeit zurückgreifen können. Wenn Sie erst minutenlang durch ihr Manuskript blättern müssen, um sich zu vergewissern, welche Augenfarbe Ihr Held hat, werden Sie schnell die Lust daran verlieren, genau zu sein. Und Sie wollen auch nicht, dass Ihr Lektor durch Ihr Manuskript streift und die Physiognomie jeder Figur überprüfen muss, das würde ihn nur verärgern.

Sie fertigen also ein Figurenregister an, eine Tabelle, die ihr Personal zeigt. Das hilft Ihnen, den Überblick zu behalten. Auf der einen Seite listen Sie A und alle Figuren auf, die aus As Umgebung kommen. B, seine Verwandtschaft und Freunde stellen Sie dem gegenüber. Verschaffen Sie sich so einen Überblick über Haarfarben und Körperstaturen, legen Sie hier das Alter vom gesamten Handlungspersonal fest. Auch wenn im Roman selbst nicht von jeder Magd auf einem Bauernhof der Geburtstag erwähnt wird, müssen Sie als Autor wissen, wer in Ihrem Text agiert und wie alt er ist oder was er beruflich macht. Je deutlicher Sie als Autor alles vor sich sehen, desto bildlicher werden Sie schreiben! Variieren Sie: A, B und E dürfen nicht alle blond und sportlich sein. Vielleicht sind sie alle drei Ärzte, aber dann unterscheiden Sie sich in ihrem äußerlichen Typ erst recht. Natürlich sollen Sie sich nicht zwingen alle erdenklichen Haarfarben abzudecken, Familienmitglieder werden sich in der Regel ähnlich sehen, aber vielleicht hat jemand seine Haare ja auch gefärbt. Geben Sie allen einen Beruf oder eine Berufung.

Wer verdient womit sein Geld, verdient gar kein Geld oder zu wenig? Sammeln Sie alle Daten, die Ihnen für Ihre Figuren und Ihre Geschichte wichtig erscheinen.

Zu diesem Zeitpunkt müssen Sie noch nicht von allen Figuren sämtliche Eckdaten haben, nur weil Sie mit dem Exposé fertig sind. Lassen Sie Stellen in der Tabelle vorerst leer, wenn Sie noch nicht sicher sind, wer blond und wer brünett sein soll. Im Laufe der Arbeit am Treatment werden Sie diese Leerstellen zu füllen wissen.

Wenn Sie mit dem Schreiben des Romans beginnen, sollte dieses Register allerdings fertig sein und neben Ihrer Tastatur liegen. So wissen Sie immer, wen welche Attribute auszeichnen, und können das in die Beschreibung einfließen lassen.

Vielleicht hilft es Ihnen auch zu notieren, was Sie mit einzelnen Figuren bezwecken. Achten Sie aber darauf, dass dieses Register nicht zu unübersichtlich wird, denn es soll Ihnen als praktische Arbeitsgrundlage dienen, Ihr Schreiben beschleunigen und nicht verlangsamen.

Sie finden am Ende des Buches das Personenregister von *Bin ich deine Liebe wert?*. Dort sind nicht nur die Figuren, sondern unten links auch die Handlungsorte aufgelistet. Das ist sehr hilfreich und sollte, so lange die Tabelle Platz dafür bietet, ebenfalls notiert werden. Außerdem finden sich in diesem Register die beiden Köche Joseph und Gertrud, zwei für die Handlung des Romans weniger wichtige Charaktere. Sie werden eigentlich nur dafür gebraucht, um Sarahs Stand als Aushilfsköchin oder zweite Köchin zu manifestieren. Da sie beide Randfiguren mit gleicher Profession sind, ist es umso wichtiger, dass sie sich unterscheiden. Das Personenregister legt das fest.

Nachdem Sie Ihr Exposé verfasst haben, haben Sie das Schlimmste hinter sich. Der Entwurf ist im Heftroman tatsächlich die halbe Miete. Brechen Sie zur Vertiefung dieser Regeln und Anleitung auch andere Liebesgeschichten auf die Handlungsmatrix herunter und schärfen Sie so Ihr Dramaturgiebewusstsein. Suchen Sie die vier Bausteine A, B, C und D in jeder noch so kleinen Liebesverwicklung. Schreiben Sie Zusammenfassungen von anderen Geschichten und vertiefen Sie die Exposéerkenntnisse noch einmal, bevor Sie zur Treatmentphase voranschreiten, wo die Dramaturgie ins Detail gehen wird. Nach diesem logischen Teil wird es in den Treatment-Abschnitten auch endlich anschaulicher – und schließlich, spätestens in der Romanphase dieser Schreibschule, romantisch.

10. Das Treatment

Sie haben ein Exposé verfasst und ein Personenregister erstellt. Vor Ihnen liegt eine nüchterne Zusammenfassung Ihrer Geschichte und eine sachliche Tabelle, die Ihre Figuren steckbriefartig versammelt. Der nächste Schritt zu einem Liebesroman ist das Treatment (dt. *Behandlung*), welches Ihr Exposé be-handelt. In der Drehbuchbranche ist ein Treatment wesentlicher Teil des Schreibprozesses. Es entscheidet darüber, ob überhaupt ein Drehbuch geschrieben wird, und wer das Buch schreiben darf. Im Heftromanbereich dient diese Be-Handlung

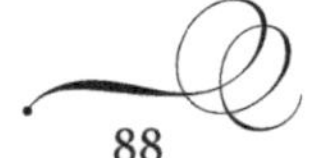

einzig und allein Ihnen als Autor. Es ist ein elementarer Schritt, der Ihnen verdeutlicht, wie Sie das Was des Exposés umsetzen werden. Es ist der Plan zum Roman.

Ein Treatment ist fünfzehn bis dreißig Seiten lang und besteht aus den einzelnen Kapiteln des späteren Romans. Die Kapitel werden hier entworfen, zusammengefasst und chronologisch aufgelistet. Das Handlungskonzentrat des Exposés wird hier Kapitel für Kapitel entfaltet. Was passiert genau, wann passiert es? Wann wird der Leser was erfahren? Ihr Heftroman wird sich in zwanzig bis dreißig Kapitel teilen. Wenn Sie Ihre Idee also nun be-handeln, das Romangerüst bauen, unterteilen Sie Ihre Geschichte in zwanzig bis dreißig Abschnitte – die späteren Kapitel.

Sie verfassen eigentlich wieder Exposés, diesmal viele, kurze Entwürfe: eins für jedes Kapitel Ihres späteren Romans. Das Treatment setzt sich also aus Miniexposés zusammen, und die sind eine halbe bis eine ganze Seite lang.

Ein Treatment ist das Gerippe, welches Ihr Roman später mit Fleisch füllen wird. Als solches kann es blutleer wirken, ist aber eine stabile Basis für romantisches Dekor und keine Kurzgeschichte, die für sich stehen könnte. Ein gut sortiertes Treatment enthält genaue Anweisungen darüber, was in jedem Kapitel passiert, wofür Sie die einzelnen Kapitel brauchen und ermöglicht so, dass der spätere Roman nur noch runtergeschrieben werden muss.

In Kapitel V finden Sie zu *Bin ich deine Liebe wert?* ein komplettes Treatment. Einige Auszüge daraus dienen im Folgenden dazu, verschiedene Aussagen zu verdeutlichen. Dennoch ist es ratsam, schon mal ein wenig vorzublättern und sich eine Orientierung zu verschaffen.

Die Heftromanbranche verlangt Ihnen kein Treatment ab. Der Verlag will vielleicht Ihr Exposé sehen, bevor er später den Roman erhält. Der zuständige Redakteur wird merken, wenn Sie ohne Treatment schreiben, aber er kann es von Ihnen nicht einfordern, ihm fehlt die Zeit. Er wird Sie eher nicht mehr einplanen, als mit Ihnen ein zwanzigseitiges Textkonzentrat mit fünfundzwanzig Kapitelexposés zu besprechen. Das verlockt Autoren dazu, das Treatment eine plausible Schreibtheorie sein zu lassen und einfach mit dem Roman selbst zu beginnen.

Sie sollten sich dennoch daran setzen und sich die Mühe machen, die Kapitel einzeln zu planen. Warum viele Miniexposés zu einzelnen Handlungsstufen des Romans schreiben? Warum weiter strukturieren und nüchtern protokollieren, wo man doch nun endlich loslegen könnte? Manche Autoren glauben, dass schon das Exposéschreiben Ihnen den Wind aus den Segeln ihrer Kreativität nimmt und halten das Treatment daher für die endgültige Schöpfungsblockade. Das ist das gute Recht eines jeden Autoren von Hochliteratur (wo ein Treatment mitunter wirklich lächerlich ist) und es ist die Einstellung der schlechteren Heftromanautoren. Machen Sie sich immer wieder bewusst, dass Sie nicht in diese Branche einsteigen, um mit der Handlung zu experimentieren. Hier wird ein bewährtes Handlungsmuster konserviert und reproduziert. Und Sie reproduzieren es nur dann auf hohem Niveau, wenn Sie ein Exposé und ein Treatment schreiben. Sie werden dieses Gerüst brauchen.

Ihr späterer Roman wird etwa 160 000 Zeichen haben und Sie müssen diese Menge Text überblicken. Sie müssen jederzeit genau wissen, was Sie wann erwähnen und geschehen lassen, wer oder was, wann genau auf den Plan kommt. Haben Sie

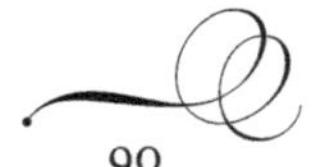

vor dem eigentlichen Schreiben festgelegt, was von der Vorgeschichte eines Helden in welchem Kapitel enthüllt wird, genügt ein Blick ins Treatment, wenn Sie im Schreibprozess einmal den Überblick verlieren – und das werden Sie!

Wenn Sie wirklich gut sein wollen, dann schreiben Sie ein Treatment. Wie schon angedeutet, schützt ein gutes Exposé allein nicht vor einem Dramaturgiedesaster und das Treatment ist nicht nur Arbeitsgrundlage, sondern ist Teil des Schreibprozesses. Hier müssen Sie die Dramaturgie entfalten. Es werden sich viele Warumfragen erneut stellen und danach verlangen, genauer beantwortet zu werden. Steigerung und Spannungsbogen werden detailliert konstruiert. Nach formalen Informationen und Hinweisen, wird es auch um die Dramaturgie gehen.

Nutzen Sie das Treatment. Planen Sie sorgfältig, unterstreichen Sie dies oder markieren Sie jenes um Zusammenhänge kleinerer Handlungsstränge mit einem Blick erfassen zu können. Das ist Ihre Arbeitsgrundlage, die niemand außer Ihnen benutzen oder sehen muss. Notieren Sie sich darin, was Sie hervorheben wollen. Dieses Treatment ist eine kleine, sehr systematische Romanwerkstatt, die Sie auf keinen Fall unterschätzen dürfen. Vielleicht lernen Sie sie sogar lieben. Als Heftromanautor sollten Sie strukturiertes Arbeiten zumindest nicht verabscheuen und können sich auf der Vorstufe des Treatments so auch kreativ entfalten. Kreativ sein im Sinne von Gliedern, Planen und Organisieren der eigenen Ideen. Also systematisieren Sie Ihre Fantasie!

11. Die Kapitel

Zwanzig bis dreißig Kapitel wird Ihr Roman und somit auch Ihr Treatment lang sein. Sie fächern in der Be-Handlung die Geschichte auf und finden auch endlich Platz für all das, was Sie in Ihrem Exposé haben rausstreichen müssen. Ob Sie die Zusammenfassungen der einzelnen Kapitel stichwortartig oder im Fließtext schreiben, bleibt Ihnen überlassen. Sie machen sich aber wahrscheinlich am wenigsten Arbeit, wenn Sie schon jetzt so viel wie möglich ausformulieren. Denn bedenken Sie: Nur das, was Sie gut formuliert haben, haben Sie gründlich durchdacht. Ort und Zeit können Sie den einzelnen Miniexposés allerdings durchaus als Stichpunkt voransetzen. Schreiben Sie im Präsens, so bleibt Ihnen der zusammenfassende Charakter dieses Arbeitsschrittes immer bewusst und Sie haben das richtige Maß an Distanz zu dem späteren, dem erzählenden Text.

Schauen Sie sich den ersten Absatz Ihres Exposés genau an und teilen Sie ihn auf. Was spielt wo, wer spielt mit? Wie viele Kapitel werden Sie für den ersten Absatz brauchen. Sarah und ihr Prinz Christian brauchen zum Beispiel sieben Kapitel. Wechseln Sie nach jedem Kapitel den Ort, um möglichst viele Orte abzudecken und die Geschichte durch ganze Schlösser, Krankenhäuser oder Alpentäler zu führen. Sollte ein Ortswechsel einmal wirklich sinnlos sein, wechseln Sie nach dem vorhergegangenen Kapitel die Zeit.

Innerhalb eines Kapitels arbeiten Sie am besten mit der Einheit des Ortes und wechseln ihn nicht. Sie können Wege zeigen und Figuren zum Beispiel im Auto irgendwohin fahren lassen. Auf jeden Fall aber bewahren Sie die Einheit der Zeit. Wenn Sie in der Zeit springen wollen, dann brauchen Sie ein neues

Kapitel. Bleiben Sie wenn möglich einen Romanabschnitt lang an einem Ort. Sie werden ihn so später mit der Handlung des Kapitels gut ausfüllen und auf lesefreundliche Art beschreiben können.

Machen Sie aus Ihrem Exposé so Absatz für Absatz ein Treatment. Aus einem Satz werden manchmal zwei Kapitel, andere Kapitel entstehen wiederum aus dem, was zwischen den Zeilen ihres Entwurfs steht.

In der zweiten Strukturphase gehen Sie ganz pragmatisch vor. Wenn Sie im ersten Kapitel die Welt der Heldin gezeigt haben, mit dieser Figur zum Beispiel auf der Arbeit waren, Kollegen oder Chef vorgestellt haben, zeigen Sie im zweiten Abschnitt etwas aus der Welt des Helden, vielleicht seine adelsstolze Mutter bei Kuppelversuchen. Mindestens einer der beiden Hauptfiguren sollte spätestens im zweiten Kapitel persönlich auftreten.

Widmen Sie beiden Hauptfiguren ungefähr gleich viele Kapitel. Sie erinnern sich an Ihr Personenregister, das aus zwei Spalten besteht. Jede Spalte fasst den Umkreis einer Hauptfigur zusammen. Auf der einen Seite die Welt der Heldin und auf der anderen die des Helden. Die Personen aus dem Umfeld einer Figur implizieren auch eine eigene Welt, Räume, die unweigerlich zu einer Figur gehören: die eigene Wohnung, das eigene Auto, der Arbeitsplatz, das Haus der Eltern, der Lieblingsort im Wald …

Nehmen Sie sich Ihr Personenregister vor und lassen Sie sich Orte zu jeder Seite des Registers einfallen. Die Figur Sarah ist leider nicht sehr exemplarisch. Ihr Problem ist, dass sie sich fremd und unwohl fühlt, weil sie sich immer in Christians, nicht in ihrer eigenen Welt bewegt. Sie hat nur ihre WG, aber das ist eigentlich mehr Alex' Raum. Denken wir lieber an Anni und Patrick aus der Heimatgeschichte. In einem Treatment zu diesem Roman darf nicht alles auf dem Hof von Annis Eltern spielen. Patricks Zuhause, das später ja auch Annis sein wird, braucht ebenfalls Raum und muss im Roman ausgebreitet werden.

In Ihrem Treatment stellen Sie nun sicher, dass sich nicht der ganze Roman überwiegend auf Figuren und Orte, die nur einer der beiden Hauptfiguren zugeordnet sind, konzentriert. Sie mischen die Welten der beiden Hauptfiguren. Zum Beispiel: ein Kapitel aus As Welt, eins aus Bs, zwei aus As, eins aus Bs, noch mal A, dann zweimal B … Natürlich vermischt sich das, was zu Beginn getrennt war, im Laufe eines Liebesromans: Die unterschiedlichen Welten zweier Individuen verschmelzen zu der einen Welt eines Liebespaars. Das ist Sinn und Zweck von Liebesromanen. Genau deshalb ist es wichtig zwei unterschiedliche Lebensräume zu etablieren.

Vielleicht kreisen Sie in Ihrem Treatment alle Kapitel aus der Welt der Heldin rot, alle, die in der Welt des Helden spielen, blau ein. Alles, was Ihnen erleichtert, sich zurechtzufinden und Ihre Geschichte breit aufzufächern, ist erlaubt.

Sie wollen wahrscheinlich nicht alle Ihre Ideen in den ersten fünf Kapiteln verpulvern und sich schöne Orte oder Szenen auch für spätere Romanabschnitte aufsparen. Seien Sie nicht zu sparsam. Im Laufe des Treatmentschreibens werden Ihnen erstens noch weitere Ideen kommen und zweitens kann man nicht beliebig viele Orte einführen. Ein Heimatromanpaar kann sich gegen Romanende nicht auf einmal an einer bezaubernden Kapelle im Wald befinden, die der Leser vorher nie »gesehen« hat. Der Rezipient sollte zumindest schon von dieser Kapelle

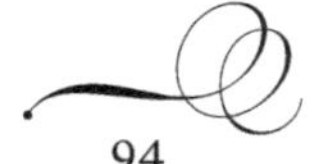

wissen. In Ihrem Treatment legen Sie nun fest, wann Sie den Leser über dieses beschauliche Plätzchen informieren. Unter welchen Umständen wird die Kapelle – wann genau – erwähnt und mit welcher Motivation. Ist sie nur hübsch, hat irgendein Vorfahre von A oder B da geheiratet oder ist gar etwas Schreckliches dort passiert? Führen Sie den Ort nicht grundlos ein. Für einen guten Heftroman kann die Attraktivität des Platzes schon reichen, aber je enger die Bindung an die Handlung ist, desto besser.

Denken Sie szenisch. Stellen Sie sich einen Schlosspark oder ein Wartezimmer beim Arzt wie eine Kulisse vor und dann platzieren Sie Ihre Figuren darin. Sie lassen A auf B los, E auf die beiden, konfrontieren Ihre Figuren nach und nach miteinander und den Problemen des anderen. Bedenken Sie, dass Schlüsselszenen und Wendepunkte beschrieben werden müssen. Grundsätzlich sollten Sie mehr zeigen als sagen (show don't tell), aber das ist bei 90 Manuskriptseiten nicht immer möglich. Der Leser erfährt auch von Prinzessin Feli erst im Nachhinein, dass sie ihrer Mutter bereits gesagt hat, Prinz Christian stünde als Ehemann nicht mehr zur Debatte (siehe Treatmentbeispiel). Auf jeden Fall müssen aber Höhepunkte und romantische Momente wirklich passieren. Die Liebe, der Konflikt und die Lösung sind spannend.

Halten Sie sich an Ihr Exposé. Was auf drei Seiten in zusammengefasster Form funktioniert, funktioniert erst recht auf 90 Seiten. Vertrauen Sie Ihrem Stoff, er gibt genug her. Fangen Sie nicht an, neues hinzuzufügen, weil Sie sich plötzlich nicht mehr auf Ihren Spannungsbogen verlassen können. Zweifel kann sehr produktiv sein, und Sie werden auch nicht umhin kommen, Ihre Geschichte zu reflektieren. Aber übertreiben

Sie nicht. Wenn Ihre Handlung im Exposé keine Entführung gebraucht hat, um spannend zu sein, braucht sie das jetzt auch nicht! Sie werden vielmehr erhebliche Probleme bekommen, diese Entführung glaubhaft in Ihren Spannungsbogen einzubetten.

Ihr Roman wird später etwa neunzig Normseiten lang sein. In wie viele Kapitel er sich genau unterteilt, werden Ihre Geschichte und Ihr Umgang mit Ihrer Idee ergeben. Wenn Sie nach der Be-Handlung des Exposés beispielsweise auf zweiundzwanzig Kapitel kommen, so werden Sie neunzig Seiten mit zweiundzwanzig Kapiteln füllen müssen. Um nicht am Ende festzustellen, dass sie zwar zweiundzwanzig Kapitel, aber nur 50 Normseiten geschrieben haben oder umgekehrt auf Seite neunzig erst bei Kapitel zehn sind, sollten Sie vorher abschätzen, wie viele Seiten ein Kapitel brauchen wird. Kalkulieren Sie, welche Kapitel eher lang, welche kurz sind. Kurz wäre eine Seite, lang wären neun Seiten. Sowohl ein knappes als auch ein ausführliches Kapitel sind immer mal wieder möglich, so lange sie nicht drei sehr kurze oder drei sehr lange Kapitel aneinanderhängen. Achten Sie in Ihrem Treatment also auch darauf, dass die Kapitel im Durchschnitt vier bis fünf Seiten lang sind, und dass Sie am Ende auf 90 Seiten kommen.

12. Die Dramaturgie im Detail

Ihr Exposé beschreibt die vier Stufen Verlieben – Konflikt – Lösung – Happy End. Sie haben die Variablen der Handlungsmatrix bereits gefüllt, Sie wissen um das Problem ihrer Liebenden und um die Lösung des Konflikts. Was im Exposé noch ein Abarbeiten der vier Stufen der Handlungsmatrix ist, wird jetzt mit dem Treatment in einen Fluss gebracht. Harte Kanten im Bau der Geschichte werden sanft überblendet, Übergänge gefunden und Wege von einer zur nächsten Stufe ausgebaut. Die reduzierten Punkte der Handlungsmatrix bleiben erhalten:

1. *Das Verlieben: A und B treffen aufeinander.*
2. *Der Konflikt: C verhindert eine glückliche Beziehung.*
3. *Die Lösung: D tilgt C.*
4. *Das Happy End: A und B bleiben für immer zusammen.*

Aber die vier Punkte werden jeweils zu Höhepunkten, auf die Sie hinschreiben werden. Auch in Ihrem Exposé werden Sie bereits Wege umrissen und Zusammenhänge beschrieben haben, denn Ihr Entwurf war natürlich keine willkürliche Aneinanderreihung von Ereignissen. Aber nun geht es explizit um den Weg vom Anfang zum Verlieben, von dort zum Konflikt, dann zur Lösung usw.

Ihr Treatment ist die Bewegung zwischen den Stufen der Handlungsmatrix – im Detail. Eine Strecke, die ansteigt oder abfällt, und die niemals plan verläuft. Diesen Weg teilen Sie auf die einzelnen Kapitel auf. Verändern Sie die Welt Ihres Romans, Kapitel für Kapitel. Lassen Sie in jedem Miniexposé etwas geschehen, sodass die Ausgangssituation eines jeden Kapitels eine eigene ist. Sie müssen die für die Exposéphase schon angedeutete Steigerung hier sehr genau nehmen. Sie beginnen mit zwei Individuen und spätestens zwei, drei Kapitel später haben Sie zwei Liebende oder ein potenzielles Paar.

1. A und B treffen aufeinander

Außer den Figuren selbst etablieren Sie auch ihr Verlieben. Je nach Exposé reicht mitunter ein Kapitel, um den Höhepunkt des Verliebens sichtbar zu machen, um zu zeigen, dass A und B füreinander bestimmt sind. Jeder der vier Abschnitte der Handlungsmatrix hat eine Klimax. Das Schönste, was den beiden Helden passiert, bevor der Konflikt eintritt, ist der erste Höhepunkt des Romans. Das ist Ihr erstes Ziel, darauf richten Sie die Kapitel, die Sie im Treatment anlegen und planen, aus. Was wird diese Klimax sein? Falls Ihnen im Exposé noch nicht klar war, ob A und B sich nur küssen, oder sich ihre tiefen und wahren Gefühle schon vor dem Konflikt gestehen, müssen Sie es spätestens jetzt festlegen! Gestehen die beiden sich ihre Gefühle jeder für sich oder gemeinsam ein? Weiß nur einer, dass sie füreinander bestimmt sind, oder ist diese Liebe für beide der Maßstab des zukünftigen Tuns? Wollen es beide nicht wahrhaben, an wessen Seite sie gehören? Machen sie sich ihre Liebe geistig oder körperlich oder auf beide Arten bewusst?

Schauen Sie nach, wie es Sarah und Prinz Christian ergeht. In wie vielen Kapiteln lernen Sie sich kennen, wie viele Kapitel braucht es dann noch, um die beiden zueinanderzuführen? Was passiert außerdem noch? Da Kapitel sechs und sieben inhaltlich direkt aufeinanderfolgen, braucht es nur dann eine Unterteil-

lung in zwei Kapiteln, wenn man die Perspektive wechseln will. Während man später im Roman den Ball selbst aus Christians Sicht miterlebt, wird man die eigentliche Liebesszene »durch Sarahs Augen sehen«. Dazu erfahren Sie in der Romanphase noch mehr.

Vergessen Sie beim Planen der ersten Kapitel nicht den Konflikt (C). Sie erinnern sich, C muss A und B schon zu Beginn innewohnen, also haben Sie als Autor das Problem vorher schon angedeutet. Im Treatment notieren Sie sich, wann Sie Schwächen der Figuren, die für den Konflikt von elementarer Bedeutung sind, einbauen und, wie Sie die zeigen. Auch wenn ihr Hauptaugenmerk jetzt noch darauf ausgerichtet ist, den Höhepunkt des Verliebens zu erreichen, streuen Sie bereits Andeutungen, die Konfliktpotenzial vermuten lassen.

Nehmen Sie zum Beispiel Sarahs Auftritt in Kapitel zwei des Treatments. Es stellt nicht einfach eine junge Frau vor, die in der Schlossküche aushilft. Es etabliert jemanden, der sich von den Gepflogenheiten des Adels leicht beeindrucken lässt. Die Anlagen für Sarahs spätere Minderwertigkeitskomplexe, die zum Scheitern der Beziehung führen werden, werden hier bereits ausgebildet.

2. C verhindert eine glückliche Beziehung

Spätestens nach dem Höhepunkt des Verliebens machen Sie sich Kapitel für Kapitel in aller Deutlichkeit auf den Weg zum nächsten Höhepunkt: dem Konflikt. Auch in Abschnitt zwei der Handlungsmatrix ist Steigerung obligatorisch. Deuten Sie C an, heben Sie es hervor und lassen Sie es ausbrechen. Was bisher geschah dient dem Zweck, Ihren Konflikt glaubhaft entstehen zu lassen. Genau genommen, war auch das Verlieben Ihrer Helden Teil des Konflikts. Denn nur, weil es ein potenzielles Paar gibt, gibt es etwas, das sie trennen kann und zum spannungsbildenden Problem werden kann.

Was brauchen Sie, damit die Liebe, dessen Geschichte Sie erzählen, wirklich unwiderruflich zerstört erscheint? Was muss den Figuren wann widerfahren, damit diese bereit sind, jeglichen Glauben an das große Glück mit A bzw. B fahren zu lassen?

Sarah und Prinz Christian brauchen vom glücklichen (7. Kapitel) bis zum gescheiterten Paar (17. Kapitel) insgesamt zehn Kapitel. Sarahs Unwohlsein wird weiter ausgebaut und gesteigert. Christians Reaktion auf ihre Zurückhaltung entwickelt sich zu ernsthaften Zweifeln an ihrer Liebe. Und schließlich muss Fürstin Patrizia, bevor sie hässliche Verleumdungen über Sarah verbreitet, erst einmal anreisen und Zeuge von etwas werden, das sie gegen Sarah aufbringt: dem Kuss.

Die Klimax des Konflikts ist erreicht. Sarah ist geflohen, Christian enttäuscht, verletzt und wütend. Letzteres wird in einem Kapitel für sich gezeigt. Kapitel siebzehn ist einzig und allein dazu da, Christians Unglück zu manifestieren. Er handelt nicht, er ändert die Welt nicht, er ist verletzt und verärgert. Der Leser darf nun sein Leid begreifen. Das ist der sogenannte retardierende Moment, der für Christian notwendig ist, weil die komplette Konfliktlösung mit Prinzessin Felizitas, Alex und Sarah, aber ohne den Prinzen passieren wird.

Ist der Höhepunkt des Konflikts einmal erreicht, das Liebesglück zerstört, können Sie das Unglück für jede der beiden Hauptfiguren noch einmal vertiefen. Aber das ist das Maximum an Retardierung, länger kreisen Sie nicht um die Tatsache, dass

alles hin ist. Sollten Sie eine sehr dichte Geschichte entworfen haben, müssen Sie sich nicht ein ganzes Kapitel allein mit dem Leiden beschäftigen, mischen Sie den Liebeskummer mit der Rüstung für den Kampf.

3. C wird von D getilgt

Auf den Höhepunkt des Konflikts, auf den großen Schmerz folgt der Weg zur Lösung (D). Sie halten sich nicht weiter mit dem reinen Leiden auf, Sie erinnern sich, Stillstand ist der Tod. Jetzt müssen Sie den Kampf zeigen. Mindestens eine der beiden Figuren muss jetzt für die Liebe ins Feld ziehen. Lassen Sie A oder B einen Plan schmieden, vielleicht einen Versuch unternehmen, der scheitert, aber bewegen Sie sich weiter. Bekämpfen Sie den Intriganten E oder die konservative Gesellschaft, die der Liebe keinen Platz einräumt. Schritt für Schritt erklimmen Sie den Gipfel des Romans, das Happy End und jedes Kapitel ist ein anderer Punkt dieses Dramaturgiebergs, jeder liegt ein wenig höher als sein Vorgänger. Aus Ihrem Exposé wissen Sie bereits, wie Sie das Problem lösen werden. Im Treatment verteilen Sie diese Lösung auf mehrere Kapitel, gehen genauer mit Ihrer Idee um und bleiben der Steigerung treu.

Die schüchterne Sarah braucht Hilfe, um ihre Minderwertigkeitskomplexe zu überwinden. Alleine wird sie das nicht schaffen. Ihr zur Seite steht Prinzessin Feli. Bis die Prinzessin die junge Frau soweit hat, den Gang nach Canossa anzutreten, vergehen sieben Kapitel. Feli muss sich auf den Weg zu Sarah machen, sie finden und davon überzeugen, dass man für die Liebe einstehen muss. Da Sarah ihren Worten nicht glaubt, schreitet die Prinzessin zur Tat, was zwar ein Kapitel mehr kostet, Sarah aber auch in ihrem Leiden bestärkt. Sie hat Christian ja nicht leichtfertig aufgeben und kehrt jetzt zu ihm zurück, nur weil die Prinzessin ihr ein wenig Mut zuspricht. Dafür braucht es mehr.

Die sieben Kapitel braucht man auch deshalb, weil noch eine kleine Romanze zwischen Alex und Felicitas erzählt wird. Auf jeden Fall steht Sarah schließlich vor Christian und bittet ihn um Verzeihung. Sie löst ihr eigenes Problem mit Mut und neuem Selbstbewusstsein. Da das Paar vor seiner Trennung bereits miteinander geschlafen hat, müssen sie sich nun verloben.

4. A und B bleiben für immer zusammen

Jetzt erlösen Sie den Leser aus dem Spannungsbogen. Obwohl schon alle Hindernisse überwunden sind, können Sie hier ein Kapitel einplanen, das die glückliche Liebe bedingungslos feiert. Aber halten Sie dieses Kapitel kurz, treten Sie das Happy End nicht zu breit. Lassen Sie Ihre Figuren los. Sie mindern das Glück durch ein vierseitiges Kapitel über die Märchenhochzeit und die ersten Ehejahre. Man soll gehen, wenn es am schönsten ist, und das tun Sie nun. Sie planen eine bis anderthalb Seiten für eine Traumhochzeit und lassen es gut sein.

Sarah und Christian brauchen nur ein Kapitel für ihre Versöhnung und das Happy End, dafür ist es aber auch auf vier Seiten angelegt und lässt Platz für ein romantisches Schlussbild.

Schauen Sie jetzt noch einmal auf das ganze Treatment am Ende dieses Buches. Einzelne Kapitel sind nur dann existenz-

berechtigt, wenn Sie etwas in der Welt Ihrer Helden verändern (Ausnahme: die retardierenden Momente nach dem Konflikt und das Happy End). Lesen Sie Kapitel für Kapitel und resümieren Sie nach jedem dieser Abschnitte den Stand der Dinge: Was hat sich durch dieses Kapitel verändert? Was gesteigert? Wie wird gesteigert? Wo sind die Unterschiede, auch die kleinen? Machen Sie das auch mit Ihrem eigenen Treatment. Fragen Sie sich immer, ob jedes Ihrer Kapitel einen Grund hat und wirklich etwas Neues zeigt. Was? Braucht man für diese Neuigkeit ein eigenes Kapitel? Rechtfertigen Sie jedes Kapitel, machen Sie Ihre Schreibe wichtig!

13. Der Sekundärplot

In Ihrem Treatment finden Sie außerdem Platz für Ihren Sekundärplot, dem zweiten Handlungsstrang. Nicht jeder Heftroman bedarf einer zweiten kleinen Romanze, die den Primärplot bereichert. Wenn Sie als Autor zu episch ausladenden Erzählungen neigen, sollten Sie sich gerade für Ihre ersten Romane eher auf *einen* Plot beschränken. Ansonsten kann ein zweites Liebespaar einen Roman aber sehr hübsch ergänzen und vielleicht auch die Geschichte nicht mehr blutjunger Menschen erzählen. Auch für ein zweites Liebespaar empfiehlt sich ein kleiner Konflikt, ein kleines Hindernis, das auch ihre Geschichte spannend macht. Es bleibt Ihnen überlassen, wie groß Sie den Sekundärplot aufbauen. Je mehr Platz Sie ihm aber in Ihrem Roman einräumen, desto dichter müssen Sie ihn mit Ihrer Hauptgeschichte verweben.

Sie kennen das zweite Liebespaar von *Bin ich deine Liebe wert?* bereits: Prinzessin Feli und Alex. Es braucht nicht bloß die Prinzessin, um Sarah zu mehr Selbstbewusstsein zu verhelfen. Ohne einen Mann, den Feli als Verlobten vorstellen kann, kann die Prinzessin ihren Beweis nicht antreten. Wie soll sie vermitteln, dass man adelsstolze Eltern einfach mit der Liebe konfrontiert, wenn sie niemanden liebt. Tatsächlich ist der Beweis geführt, ohne dass Feli und Alex sich wirklich ineinander verlieben – sie müssten es ja eigentlich nur vorgeben. Ein Verlieben dennoch anzudeuten, ist ein romantischer kleiner Kniff, der einfach Spaß machen soll.

Ein Heftroman erzählt immer die Geschichte *eines* Liebespaares. Unter Umständen ist der Sekundärplot aber sehr groß, sodass man den Roman als Doppelromanze titulieren und verkaufen kann. Diese Doppelromanzen verschränken zwei fast gleichrangig erzählte Plots sehr eng miteinander und sind eine Herausforderung. Hier müssen die Konflikte der beiden Paare und/oder die Lösung sehr eng miteinander verschränkt sein. Es darf nicht aussehen, als erzählten Sie zwei Romanzen, die sich zufällig zur gleichen Zeit ereignen, das würde den Roman langweilig machen. Sie widersprechen dem Konzentrat der Handlungsmatrix oder ihren Variablen aber nicht.

In Arztromanserien sieht das ein wenig anders aus. Hier ist der Sekundärplot mitunter keine Liebesgeschichte, sondern ein Konflikt, den der Arzt jenseits der Liebe, die er stiften wird, löst. Das kann ein medizinisches Schicksal sein oder auch die Geschichte einer oder mehrerer Figuren des Stammpersonals

der Serie. Hier muss der zweite Handlungsstrang auch nicht so eng mit dem Primärplot verknüpft sein.

14. Die Zeit

Sie mussten bereits im Exposé bedenken, dass ein Heftroman nicht über einen Zeitraum von mehreren Jahren spielen kann. Die erzählte Zeit beschränkt sich auf maximal zwei Jahre. In seltenen Fällen muss zu einer wirklich glaubwürdigen Konfliktlösung auch Zeit verstreichen, Sie sollten aber immer versuchen, das zu verhindern. Dass Zeit alle Wunden heilt, mag im Alltag eine hilfreiche Weisheit sein, im Heftroman führt es zu einer langweiligen Geschichte. Es reicht als Leistung der Helden nicht aus, einfach ein paar Jahre zu warten, um das Hindernis der Liebe zu überwinden. Es wurde ausreichend betont, dass es eines Kampfes für die Liebe, mindestens der Aktivität der Hauptfiguren bedarf, um eine spannende Liebesgeschichte zu erzählen. Abwarten und Tee trinken reicht sowieso nicht. Warum also Jahre verstreichen lassen? Sie beschränken die erzählte Zeit ihrer Geschichten am besten auf höchstens ein Jahr.

Ein weiterer Grund für die Kürze erzählter Zeit ist das Verhältnis der Zeit, die Ihre Geschichte erzählt, zu dem Raum (Erzählzeit bzw. Seitenanzahl), den Sie als Autor zur Verfügung haben, um zu erzählen: Wie Sie bereits wissen, hat jeder Heftroman 64 bis 66 Seiten. Das ist wenig Platz für einen Roman, aber Sie schreiben mit Ihrem Heftroman ja eher eine kleine Novelle und kein Epos.

Also ein Jahr erzählte Zeit. Schauen Sie sich Ihr Treatment an. Wann spielt das erste Kapitel, wann das letzte? Was passiert in welcher Jahreszeit? Wollen Sie Herbststürme, wenn Ihre Liebenden sich bereits verlassen haben und leiden? Wollen Sie ein Liebesgeständnis vorm knisternden Kamin oder lieber im blühenden Frühling. Jahreszeiten zu beschreiben macht Ihren Roman genauso plastisch wie die Bildlichkeit Ihrer Schauplätze. Planen Sie das mit ein. Wollen Sie die kleine Waldkapelle in einem sonnigen Alpensommer beschreiben oder in einem tiefverschneiten friedlichen Winter? Welche Auswirkung haben Jahreszeit und Wetter auf die Berufe Ihrer Figuren? Für einen Bauern bestimmt die Jahreszeit das Tun, für einen Lehrer können Schulferien von Bedeutung sein. Prinz Christian und Prinzessin Feli werden nur in Schul- oder Semesterferien an einem mehrtägigen Séjours teilnehmen können. Wie wirken sich Frühling oder Herbst auf die Stimmung Ihrer Figuren aus? Wollen Sie das Glück durch die Beschreibung eines herrlichen Frühlingstags spiegeln oder durch bunte Herbstblätter kontrastieren? Betten Sie den Verlauf Ihrer Geschichte in den Verlauf eines Jahres, verweben Sie die Stufen Ihrer Handlung mit denen von Wind und Wetter.

Sie müssen den Überblick auch über die Tagesabläufe behalten, machen Sie sich klar, um wie viel Uhr welches Kapitel spielt. Achten Sie darauf, dass auf einen Abend eine Nacht folgt, und Sie nicht beliebig viele Kapitel aneinanderhängen können, ohne über Zeitpunkt und Zeitkontext zu informieren. Essen ihre Figuren zu Mittag? Was kommt danach? Spielt das nächste Kapitel erst eine Woche später, kein Problem. Wird an diesem

Tag aber noch viel passieren, sortieren Sie, wer ist wann wo, und kann er da auch sein? Wenn die Prinzessin beim Mittagessen noch bei Ihren Eltern in München ist, wird Sie nicht zum Abendessen in Hamburg sein und zwischendurch noch ausreiten. Das klingt logisch und fast banal, ist aber ein beliebter Fehler von Autoren. Neunzig Manuskriptseiten und zwanzig Kapitel sind lächerlich im Vergleich zu den *Buddenbrooks*, den Überblick kann man hier aber genauso leicht verlieren. Also notieren Sie sich, um wie viel Uhr spielt welches Kapitel? Sie müssen nicht notwendiger Weise wissen, ob es 14:15 oder 15:30 Uhr ist, aber sie sollten sich immer fragen, ob genaue Uhrzeiten für Ihre Geschichte oder einzelne Kapitel relevant sind. Was muss eine Figur an einem Tag bewältigen, wie viel Kapitel wollen/ müssen Sie in deren Tagesablauf packen?

Sie erzählen Ihre Geschichte außerdem chronologisch. Was in Kapitel eins geschieht, liegt zeitlich vor der Handlung des zweiten Kapitels, das wiederum vor dem Geschehen des dritten usw. Im Heftroman gibt es keine Rahmenhandlung oder umfassende Erzählung in der Erzählung, das Romanheft bleibt einer chronologischen Linie treu. Manchmal ist es notwendig, dem Leser etwas zu verheimlichen. Sie können innerhalb eines Dialogs Rückblenden einbauen. Eine Figur darf einer anderen etwas erzählen, was diese und auch der Leser noch nicht weiß. Aber seien Sie vorsichtig mit Überraschungen. Eigentlich ist das eher etwas, das in einen Krimi gehört.

Auch Liebesromanautoren neigen dazu, ihre Leser überraschen zu wollen. Scheinbar will man den Leser verblüffen. Das an sich ist ein ehrbares Ziel, leider aber ein Trugschluss. Denken Sie an *Romeo und Julia*, diese Geschichte ist nicht spannend, weil Romeo ans Bett seiner toten Julia tritt, sich umbringt und der Zuschauer nachher ganz überraschend erfährt, dass sie nur geschlafen hat. Es ist spannend, weil der Zuschauer von Anfang an weiß, dass Julia nur schläft. Romeo aber weiß das nicht. Er ist darauf angewiesen, die Wahrheit von Pater Lorenzo zu hören. Pater Lorenzo ist auf dem Weg zu Romeo und will das Schlimmste verhindern, auch das weiß der Zuschauer. Aber wird der Pater rechtzeitig kommen, wird Julia doch noch aufwachen? Diese Fragen sind bewegend und spannend, das hält den Zuschauer im Bann. Es geht also darum, Dinge anzudeuten und vorzubereiten, nicht um willkürliche, verblüffende Offenbarungen. Ihr Roman ist kein Geburtstagsgeschenk in schöner Verpackung, er ist eine gut komponierte Geschichte.

Die zeitnahe Publikation eines Heftromans ermöglicht Ihnen außerdem das Andeuten aktueller Anlässe, denn es vergehen nach Vollenden des Manuskripts nur etwa 12 Wochen bis zur Publikation. Sie können so ggf. selbst abschätzen zu welcher Jahreszeit Ihr Roman erscheinen wird und Feiertage und andere saisonale Ereignisse einbauen. Ein anderes Beispiel ist die Finanzkrise. Übrigens sind finanzielle Probleme in jedem Genre schönes Konfliktpotenzial und die finanziellen Probleme der Weltwirtschaft haben alle Vorraussetzungen einen Großbauern genauso in die Enge zu treiben wie einen Prinzen, der mit Aktien spekuliert.

Heftromane sind größtenteils Jetztzeitromane. Ihre Geschichten spielen heute. Es gibt immer wieder mal ein oder zwei historische Serien auf dem Markt, aber das Gros der Hefte, die klassischen Adel-, Arzt- oder Bergromane, spielen jetzt! Helden haben Handys, kennen das Internet und Prinzessinnen haben keine Zofen sondern Stylisten.

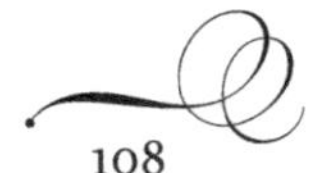

15. Die Witwen und Waisen

Sie haben gelernt, alles auf die Spitze zu treiben, einzigartige Spitzen zu erschaffen, die ihresgleichen suchen. Höhepunkte müssen knallen, und das tun sie nicht, wenn den Figuren ein Kapitel später Vergleichbares in ähnlicher Intensität geschieht. Aber jenseits dieser Wendepunkte gibt es in der Dramaturgie des Heftromans Momente, zumeist Figuren und Motive, für die gilt: Einmal ist keinmal!

Lektoren sprechen hier von Witwen und Waisen. Die beste Freundin der Heldin wird unwichtig, wenn sie nach einem Auftritt in der Versenkung verschwindet. Ein Edelweiß verdient den Status eines Motivs nicht, wenn es einmal verschenkt und nie wieder erwähnt wird. Motive und Nebenfiguren müssen wichtig genug für zwei Auftritte im Roman sein, ansonsten gehören Sie gestrichen. Wenn Sie in den ersten Kapiteln jemanden oder etwas etablieren, das sich verliert und an keiner Stelle mehr auftaucht, dann haben Sie eine Witwe erschaffen. Prüfen Sie ihr Treatment auf Figuren und Motive. Wenn ihr Held eine Lieblingsmelodie hat, dann hört er diese mindestens zweimal oder keinmal, die resolute Tante, die der Prinzessin in ihrer vertrackten Liebessituation ein Vorbild ist, wird zweimal oder keinmal zu Rate gezogen. Alles, das nur einen Auftritt hat, wirkt angerissen und willkürlich. Aber Sie reißen nicht an, Sie erzählen eine Liebesgeschichte. Sie nehmen Ihren Figuren oder Motiven jedwede Chance auf Willkürlichkeit, wenn Sie diese zweimal »brauchen«. Natürlich erschaffen Sie erst die Situationen, in denen die Lieblingsmelodie ein zweites Mal gehört werden muss, aber bei Ihrem Leser schließt sich ein Bogen, wenn die resolute Tante, die er ja schon kennt, plötzlich persönlich in der Tür steht.

Ein etwas anderer Fall sind die Waisen. Ihnen muss kein zweiter Auftritt folgen, ein erster muss Ihnen vorausgehen. Den Waisen fehlen die Eltern, der Grund, warum sie auf der Welt sind. Stellen Sie sich noch einmal eine romantische kleine Waldkapelle vor. Taucht dieser Ort erst als Kulisse des Happy Ends auf, haben wir wieder das Problem der Willkür, den Leser verbindet nichts mit dieser Kapelle, Sie haben für ihn keine Beziehung dazu hergestellt. Aber genau das müssen Sie. Passiert in dieser Kapelle gar eine Art Showdown als Teil der Konfliktlösung, dann haben Sie die Krönung der Beliebigkeit erschaffen. Das tun Sie nicht, Sie erfinden Gründe für diesen Ort, Sie machen klar: Es kann nur diese Kapelle sein.

Aber auch bei kleineren, weniger wichtigen Orten, Motiven oder Figuren müssen Sie sich immer wieder fragen: Wozu brauche ich das? Wo könnte ich es noch brauchen oder sollte ich es streichen? Im Roman selbst wird es kostbare Zeit in Anspruch nehmen, Witwen und Waisen zu finden und aus ihrer Einsamkeit zu befreien. Überprüfen Sie also Ihr Treatment daraufhin!

16. Der Roman

Jetzt geht es los, Sie schreiben einen Heftroman. Eine Liebesgeschichte von 155 000 bis 160 000 Zeichen, zwanzig bis dreißig Kapitel voller Gefühl und Drama, gekrönt vom Sieg der Liebe.

Formell gibt es einiges zu bedenken. Wie hat Ihr Text auszusehen, wie lässt er sich angenehm lesen und korrigieren? Der deutsche Literaturbetrieb hat hierfür eine Norm. Weißes DIN A4-Papier, einseitig bedruckt und schwarze Schrift mit Seriphen (z. B. Times New Roman oder Courier New) in Schriftgröße 11 oder 12. Auf einer dieser sogenannten Normseiten sind höchstens 1800 Zeichen, 60 Anschläge pro Zeile, 30 Zeilen pro Seite. Anderthalb- oder zweifacher Zeilenabstand und der Text wird rechts und links eingerückt, sodass Platz für Korrekturen und Notizen bleibt. Die Seite wird am unteren Seitenrand nummeriert.

Am Ende jedes Kapitels setzen Sie eine Leerzeile, ein Sternchen und eine weitere Leerzeile. Kapitel werden nicht durch Seitenumbrüche getrennt und haben keine Überschrift. Allerdings empfiehlt es sich, die Kapitel zu nummerieren, während Sie noch im Schreiben begriffen sind, und die Ziffern erst ganz zum Schluss, nach dem letzten Korrekturdurchlauf durch Sternchen zu ersetzen, das erleichtert es Ihnen, den Überblick zu behalten.

Sie müssen Ihren Text sehr stark gliedern. Sie haben bereits in der Treatmentphase sortiert und unterteilt, aber auch innerhalb eines Kapitels müssen Sie Sinnzusammenhänge in sehr kleinen Einheiten suchen. Ein Kapitel ist kein ununterbrochener Fließtext, es teilt sich in sehr viele Absätze. Im Schnitt haben Sie auf jeder Manuskriptseite etwa sechs Zeilenumbrüche. Sie setzen keine Leerzeilen zwischen die einzelnen Absätze, schon ein Zeilenumbruch erleichtert den Lesefluss ungemein, und darum geht es: leicht lesbare Lektüre zu erschaffen.

Sie werden später keinen Ausdruck, sondern nur eine Textdatei Ihres Romans zum Verlag schicken.

Bevor Sie mit dem Schreiben Ihres Romans beginnen, drucken Sie sich am besten Ihr Treatment und Ihr Personenregister aus und halten es stets bereit. Neben Ihrem Computer liegen nun diese zwei Dokumente, die Sie stetig an den aktuellen Stand Ihres Schreibprozesses anpassen werden. Notieren Sie sich während Sie schreiben, was Sie anders machen, als im Treatment. Natürlich könnten Sie am Computer auch immer mehrere Dokumente öffnen und parallel bearbeiten, also nichts ausdrucken, aber wenn Ihnen Ihre Arbeitsgrundlagen (Treatment und Personenregister) auf Papier vorliegen, können Sie sich auf dem Bildschirm auf ein Dokument konzentrieren. Das handschriftliche Erweitern von Be-handlung und Personal ist außerdem ein schönes Protokoll Ihrer Arbeit.

Schreiben Sie chronologisch. Fangen Sie vorne an und verfolgen Sie die Entwicklung Ihrer Geschichte schreibend nach. Sie sollten im Schreiben genauso wenig springen, wie es der Heftroman in der Handlung selbst tut. So wissen Sie immer, wo Sie stehen und was Ihnen noch fehlt. Vergessen Sie nicht, hier geht es um wirtschaftliches Schreiben und alles, was Ihnen hilft den Überblick zu behalten, kommt Ihnen entgegen. Planen Sie genügend Zeit ein, um Ihren Anfang später noch einmal sehr genau Korrektur zu lesen oder zu überarbeiten. Das erste Kapitel ist am empfindlichsten für Fehler und holprige Formulierungen. Die meisten Autoren haben sich hier noch nicht »warmgeschrieben«. Leider ist es auch genau dieses Kapitel, das auf einen Lektor wie eine Visitenkarte wirkt. Es entscheidet darüber, ob er überhaupt weiterlesen wird. Da Sie das natürlich unbedingt erreichen wollen, müssen Sie zu Beginn noch sorgfältiger sein, als Sie es sowieso schon sind.

Wenn Sie jetzt das erste Kapitel schreiben, sollten Sie sich an die von Ihnen selbst vorgegebene Anzahl von Seiten halten. Erst recht, wenn Ihnen das schwer fällt. Natürlich können Sie

sich im Vorhinein bei einem Kapitel auch einmal verschätzt haben. Das können Sie dann, während Sie den Roman schon schreiben, im Treatment korrigieren und die anderen Seitenvorgaben anpassen. Aber halten Sie Ihr Treatment zu jeder Zeit auf einem aktuellen Stand und schreiben Sie mit der Hand Ihre Änderungen hinein. Das spart Zeit und hält Ihr Treatment als Arbeitsgrundlage auf aktuellem Stand. Wenn Ihnen beim Schreiben von einem frühen Kapitel etwas für ein späteres einfällt, notieren Sie sich das ebenfalls in Ihrem Ausdruck des Treatments, vielleicht finden Sie auf die Schnelle schon den richtigen Ort für Ihre Idee, wenn nicht schreiben Sie es an den Rand und widmen sich wieder Ihrem Roman.

Wenn Sie während des Schreibens bereits beim zweiten oder dritten Kapitel merken, dass Sie immer weit unter oder über der Seitenzahl liegen, zwingen Sie sich, Ihre Vorgaben einzuhalten. Sie müssen lernen, wirtschaftlich zu schreiben. Sie können es sich nicht leisten, nach sechzig Seiten *Ende* zu tippen und dann noch mal Tage darauf verschwenden, insgesamt dreißig Seiten zwischen Ihre Zeilen einzufügen.

Nachdem Sie nun wissen, wie Ihr Text auszusehen hat, gibt es noch weitere Regeln und Wegweiser in der Welt des Heftromanschreibens. Im Folgenden werden Sie lernen, wie man erzählt, Figuren beschreibt, was sprachlich oder im Hinblick auf Sexualität und Gewalt möglich ist. Auch für diese Phase des Schreibens gibt es ein Praxisbeispiel am Ende des Buches. Sie finden dort ein Kapitel des Romans *Bin ich deine Liebe wert?*, dessen Exposé und Treatment Sie bereits kennen. Überprüfen Sie die folgenden Theorien und Anweisungen an diesem Beispiel und machen Sie sich die Umsetzung der Regeln bewusst. Sie werden sehen, dass ein Heftromanautor mehr darf, als sein

Image vermuten lässt. Es kommt nur darauf an, wie er es macht, und wie Sie vorgehen können, erfahren Sie jetzt …

17. Die Erzählung

Wie jede fiktive Geschichte braucht der Heftroman eine Erzählhaltung. Nachdem Sie in Exposé und Treatment festgelegt haben, was Sie schreiben werden, müssen Sie nun wissen, *wie* Sie das tun werden. Wie vermitteln Sie Ihre Heftromanromanze? Die Institution Heftroman macht es Ihnen relativ einfach: Die Vorgaben sind sehr klar.

Sie erzählen chronologisch und, wie schon angedeutet, überwiegend szenisch. Sie zeigen, was passiert, wenn es passiert und schildern eine Szene. Sie müssen sich vorstellen, was Ihre Figuren tun und wie sie sich fühlen. Machen Sie sich ein Bild von der Situation, in der sich Ihre Figur gerade befindet und vermitteln Sie das. Wie sehen A und B aus, wenn sie gemeinsam im Café sitzen oder ausreiten? Beschreiben Sie, zeigen Sie Ihrem Leser, was Sie sehen. Sagen Sie Ihrem Leser nicht, dass die Heldin schön ist, beschreiben Sie die Schönheit, sagen Sie nicht, was Ihr Held fühlt, beschreiben Sie seine Gefühle!

Anstatt schlicht darüber zu informieren, dass Susanne sich in Ben verliebt hat, schreiben Sie:

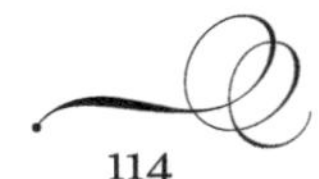

Susanne merkte nicht einmal, dass sie Ben noch nachsah, als der bereits aus ihrem Sichtfeld verschwunden war. Versonnen starrte sie auf die Häuserecke, an der er abgebogen war. Ihr Herz klopfte bis zum Hals. Wann würde sie ihn wiedersehen? Würde sie ihn wiedersehen? Sie erstarrte. Was, wenn nicht? Was, wenn sie sich nicht noch einmal zufällig über den Weg liefen?

Susi ertrug den Gedanken nicht, sie musste Ben einfach wiedertreffen! Sie musste seine Telefonnummer herausbekommen, ihn anrufen, einen gemeinsamen Kaffee vorschlagen, einfach nur Hallo sagen …

Was war denn nur los mit ihr? Eine innere Unruhe ergriff Susanne und plötzlich wusste sie: Sie hatte sich verliebt!

Natürlich beschreiben Sie nicht jeden Moment aus dem Leben Ihrer Hauptfiguren. Im Treatment haben Sie ja bereits festgelegt, welche Situationen von Bedeutung sind, und welche nicht. Hauchen Sie diesen Situationen nun Leben ein, versuchen Sie so wenig wie möglich zusammenzufassen. Es gibt Dinge, die müssen nicht ausladend ausgeschmückt werden, dennoch müssen Sie auch diese beschreiben und nicht nur darüber informieren.

Wenn Sie etwas hinauszögern wollen, um die Spannung zu steigern, können Sie auch ausladender beschreiben, aber Sie als Erzähler dürfen die Situation nicht reflektieren. Der Erzählfluss geht im Heftroman immer weiter, irgendetwas passiert immer und ist es wert, beschrieben zu werden (ist es das nicht, lassen Sie es aus und setzen später wieder ein). Es wird nicht pausiert.

Sie erzählen außerdem dramatisch. Der Heftroman folgt dem Vorbild des Dramas (oder auch Spielfilmes), dem die narrative Instanz fehlt. Weder das klassische Drama noch der

klassische Spielfilm haben einen Erzähler, sie haben Szenen und erzählen so unmittelbar das, was passiert. Der Zuschauer ist dem Geschehen sehr nah, weil zwischen ihm und der Szene kein Erzähler steht, der vermittelt. Auch der Heftroman hat diesen Erzähler nicht, er bildet ab, was passiert.

Diese Mimesis bezieht Emotionen mit ein, da die Heftromanze nicht zuletzt Gefühle vermitteln will. Es geht also nicht nur um die Abbildung von äußerem Geschehen, sondern auch darum, Befindlichkeiten zu zeigen.

Die Darstellung von Befindlichkeiten rückt den Erzähler sehr nah an die Figuren heran. Diese Nähe führt zu einer überwiegend personalen Erzählhaltung. Sie schreiben zwar in der dritten Person über die Figuren, schreiben aber aus deren Sicht. Denn der Erzähler weiß, was die Figuren bewegt. Sie müssen sich entscheiden, was Sie aus wessen Sicht erzählen. Welche Figur lassen Sie wann »zu Wort kommen«? Meistens wird der Erzähler den Gedanken und Gefühlen Ihrer Helden nahe sein. Zum Beispiel in Kapitel zwei von unserem Exempel:

Das waren doch nicht Sarahs Probleme und würden auch nie ihre sein. Was sollte sie schon dazu sagen?

Das ist Sarahs Sicht der Welt und ihrer Umgebung. Obwohl sie nicht die Erzählerin ist, erfährt der Leser, was sie denkt und wie sie über die Fürstin und ihren Chef urteilt. In einem anderen Kapitel würde das Geschehen aus der Sicht einer anderen Figur geschildert. Fragen Sie sich immer, für welche Figur diese Szene am wichtigsten, bzw. aus wessen Sicht sie am interessantesten ist. Ihre erste Wahl sind dabei immer die Hauptfiguren. In Liebesszenen sind Held und Heldin natürlich zu gleichen Teilen beteiligt. Hier müssen Sie sich entscheiden, was ist schöner aus As Sicht, was interessanter durch Bs Augen?

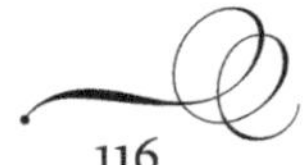

Sie können, wie schon erwähnt, mitten in der Szene die Sicht wechseln, allerdings nur einmal und auch nur dann, wenn Sie ein neues Kapitel beginnen.

Hin und wieder ist es auch spannend, aus der Perspektive einer Nebenfigur zu schreiben. Zum Beispiel bietet sich für das dritte Kapitel von *Bin ich deine Liebe wert?* an, die Sicht Fürstin Patrizias zu zeigen. Ihre Meinung von der sympathischen Prinzessin macht die Mutter als Person noch unausstehlicher und ihr Motiv, das später zum Konfliktausbruch führen wird, anschaulicher.

Sie erzählen darüber hinaus in zeitlich unbestimmter Vergangenheit, dem epischen Präteritum. Käthe Hamburger etablierte diesen Begriff, um fiktionales vom faktualen Erzählen zu unterscheiden. Sie als Autor berichten keine Fakten, die in der Vergangenheit geschehen sind. Hier wäre das Präteritum oder der Imperfekt eine Aussage über Zeitverhältnisse in der Wirklichkeit. Sie aber erzählen nicht VON einer Vergangenheit, sondern IM epischen Präteritum. Sie benutzen die Vergangenheitsform aus poetologischen Gründen.

Es gibt – wie schon erwähnt – keine Rahmen- und keine Binnenhandlung. Der Erzähler ist keine Figur der Geschichte oder überhaupt irgendwie an ihr beteiligt.

Vermeiden Sie Ironie. Sie als Autor dürfen hier und da ein Augenzwinkern denken, und Sie müssen nicht alles gar zu Ernst nehmen, schreiben Sie vielmehr leicht und gönnen sich und Ihrem Leser eine Portion Humor. Aber seien Sie vorsichtig mit einer ironischen Ebene. Die Gefahr der Ironie ist, dass sie nicht als solche, sondern wörtlich verstanden wird. Das, was der Erzähler Ihres Romans sagt und das, was er tatsächlich meint, darf sich nicht auf zwei voneinander getrennte Ebenen verteilen.

Durch das Lesen vieler Heftromane wird Ihnen die Erzählhaltung in der Praxis deutlicher, als dessen Theorie es vermag die Haltung zu vermitteln. Lassen Sie sich nicht entmutigen, Sie werden intuitiv die richtige Haltung finden, diese Anweisung dient nur der Benennung dessen, was zu tun ist. Erzählen Sie Ihre Geschichte. Wenn Sie etwas zu sagen haben, ergibt sich der Rest!

18. Die Sprache

In welchen Worten erzählen Sie Ihre Geschichte? Die Antwort ist so simpel wie wichtig: in einfachen. Stellen Sie poetische Ambitionen hinten an und vergessen sie sprachliche Experimente, die einfache Lesbarkeit hat absolute Priorität. Sie schreiben einen Heftroman, und das tun Sie in einer klaren, verständlichen Sprache. Jeder Autor will natürlich verstanden werden, nur eben nicht immer von jedem theoretisch möglichen Leser. Sie aber wollen genau das: Von jedem auch nur im Entferntesten denkbaren Leser wollen Sie verstanden werden. Das heißt nicht, dass Sie sich einen impliziten Leser vorstellen sollen, der dumm und ungebildet ist. Sie werden einfach so wenig wie möglich zwischen diesen Leser und den Text stellen! Machen Sie sich einfach klar, dass Ihr Roman eine Story vermittelt und Ihre Sprache nicht im Vordergrund steht. Sie machen dem Leser Szenen sichtbar, die aneinandergereiht eine

Geschichte ergeben und Ihr Medium ist eine klare, verständliche Sprache.

Wo bleibt das Romantische fragen Sie sich nun vielleicht – zu Recht. Immerhin geht es hier doch um große Gefühle. Das stimmt, und Sie müssen schöne Bilder für Ihre Romanze finden. Aber Sie schreiben kein Gedicht. Ergehen Sie sich nicht in poetischen Formulierungen. Sie bauen hier und da mal emotional aufgeladene Wörter ein, aber das Romantische entsteht hauptsächlich im Was und nicht im Wie Ihrer Geschichte. Das heißt: Sie erfinden romantische Szenen und setzen Ihre Figuren großen Gefühlen aus, beschreiben das aber überwiegend in klaren, kurzen Sätzen. Das Romantische, das oft als Kitsch ausgelegt wird und den Ruf des Heftromans bestimmt, sollte sich eher in der Situation, die Sie beschreiben, zeigen und nicht in den Worten. Sinn und Inhalt Ihres Textes dürfen weder Rhythmus noch Stil weichen. Was auch immer in der Geschichte passiert, es muss tatsächlich passieren, es bedarf weder eines schönen Bildes noch einer schönen Metapher.

Verniedlichungen sollten Sie unbedingt vermeiden. Erwachsene Frauen haben keine Näschen oder Händchen und Kinder sind erstens per se niedlich und zweitens noch viel süßer, wenn sie in Szenen agieren und dabei putzige Sachen tun, anstatt dass Sie ihr Auftreten mit Diminutiven verzieren.

Sie schreiben natürlich Deutsch. Das heißt aber auch, dass Sie auf Fremdworte verzichten und diese nicht, ausgenommen bekannte Wörter wie Hello, Goodbye, Bonjour, Merci …, einsetzen sollten. Denken Sie an Verständlichkeit und leichte Zugänglichkeit.

Die Sprache ergänzt das *Show, don't tell* der Erzählhaltung. Bewerten Sie nicht, was Sie beschreiben, beschreiben Sie einfach, was Sie sich für Ihre Figuren vorgestellt haben! Und nutzen Sie hierfür eine verständliche Sprache, halten Sie Ihre Sätze so kurz wie möglich. Überprüfen Sie lieber zweimal, ob sich aus einem Komma nicht ein Punkt machen lässt.

Sie brauchen Adjektive, um die Welt Ihres Romans anschaulich und bildlich zu beschreiben. Überlegen Sie sich Adjektive für alles, das es wert ist, in Ihrem Roman beschrieben zu werden und machen Sie Bauernhäuser rustikal, traditionell, verwittert, modernisiert oder gemütlich. Fürstenschlösser können protzig und glamourös, aber auch trutzig und kalt sein. Wie sieht Ihre Welt aus? Bleiben Sie bildlich, aber halten Sie Maß. Sie müssen nicht drei Adjektive vor jedes erwähnte Bauwerk oder jeden Ort setzen. Was beschreibt Ihre Szene am besten? Wenn Sie als Autor diverse Adjektive im Kopf haben, um einen Platz zu beschreiben, reicht es oft aus nur eins davon zu benutzen. Auch das macht Ihre Schreibe besser, je genauer Ihr Bild von Ihrer Welt ist, desto besser ist Ihr Text darüber. Auch im Heftroman ist weniger manchmal eben mehr.

19. Die Figuren

Sie haben in Ihrem Personenregister bereits umrissen, wie Ihre Figuren aussehen. Es war die Rede von attraktiven Helden, die vom aktuellen Schönheitsideal nicht weit abweichen.

Für Ihre Nebenfiguren hingegen haben Sie eine größere Bandbreite an Physiognomien, die Sie ebenfalls schon im Personenregister festgelegt haben.

Jetzt geht es darum, alle Ihre Figuren auch im Fließtext des Romans zu beschreiben. Die Haarfarbe zu nennen, reicht nun nicht mehr aus, gehen Sie weiter: Wie liegt die blonde Pracht der Heldin? Glänzt sie, schimmert sie, ist sie aufgesteckt oder fällt sie ihr weich auf die Schultern? Ihr Held ist dunkelhaarig? Dann wird im Roman selbst deutlich, dass er auch sehr gepflegt ist. Er kann die Haare sehr kurz, modisch frisiert oder lockig wirr tragen. Entscheiden Sie sich und beschreiben Sie!

Jede Figur hat einen ersten Auftritt, Sie haben sich im Treatment markiert, wann der sein wird. Diesen jeweiligen ersten Auftritt werden Sie durch eine genaue Figurenbeschreibung untermauern. Sie lassen nicht einfach einen Vater auftreten, Sie beschreiben ihn und sein Verhalten. Haarfarbe, Augenfarbe, Bart? Was für Kleidung trägt er, wie trägt er sie?

Nachdem Sie diesen ersten Auftritt »bebildert« haben, haben Sie nun ein Kontingent an Merkmalen zur Verfügung, die Sie in Zukunft immer wieder einfließen lassen. Der Vater wird sich, wenn er das nächste Mal auftritt, durchs schlohweiße Haar streifen, die braunen Augen zusammenkneifen oder – wie immer – seine speckige Lieblingsweste tragen. Bleiben Sie an Ihren Figuren dran, rufen Sie sich in Erinnerung, wie Sie aussahen, damit Sie Ihrem Leser jederzeit ein Bild zeigen können. Liefern Sie nicht jedes Mal eine Gesamtbeschreibung dieses Vaters – das haben Sie ja schon in seinem ersten Kapitel für ihn getan – sondern picken Sie sich einzelne Aspekte heraus.

Das gilt besonders für die Hauptfiguren, lassen Sie deren Schönheit/Attraktivität nicht aus den Augen!

Beschreiben Sie Güte und Klugheit, suchen Sie kleine Bilder für diese Charaktereigenschaften und erzählen Sie von Menschen, die Sie mögen würden. Erfinden Sie Gesten und Eigenarten. Vielleicht trägt Ihre Assistenzärztin immer einen Zopf, immer dunkelroten Nagellack oder immer eine ganz bestimmte Kette. Vielleicht kratzt Ihr Held sich am Ohr, wenn er sich konzentriert …

Achten Sie darauf, dass eine Figur, die zu Beginn noch einen Beruf, Ziele und individuelle Charaktereigenschaften hat, nicht zum reinen Liebhaber verkommt. Es wertet die Liebe ab, wenn die Figuren zu ihrem Sklaven werden. A und/oder B sollen für die Liebe kämpfen, aber es muss immer klar sein, wer diesen Kampf austrägt. Sie haben zu Beginn eine Figur etabliert, und die wird sich für »ihre« Liebe einsetzen, aber eben nicht für die Liebe im Allgemeinen. Was ist »ihre« Liebe, was macht diese aus, was macht sie besonders? Es gibt Dinge, die muss man für die große Liebe aufgeben, aber das ist nicht man selbst – auch nicht im Heftroman! Beschreiben Sie die Liebe also immer im Bezug auf die liebenden Figuren!

Figuren haben ein Ziel! Sie wollen etwas, nicht immer das, was gut für sie ist, aber sie *wollen.* In Ihrem Exposé stehen diese Ziele zwischen den Zeilen. Patrick will Anni, Anni will Matt und in die USA. Prinz Christian will Sarah, Sarah will Christian *und* in ihren eigenen Kreisen bleiben. Beide Damen laufen also in die falsche Richtung, aber sie laufen. Achten Sie in jedem Kapitel, in jeder Sequenz darauf, dass die Figuren ihrem Willen nach handeln. So lange, bis etwas passiert, dass ihre Meinung ändert. Anni will Matt so lange, bis sie sich bis aufs Blut mit ihm streitet. Sarah will so lange lieber in ihren Kreisen bleiben, bis sie begreift, dass sie und Christian eine Chance haben, wenn

sie dafür einstehen, dass sie sich lieben. Behalten Sie Ziele und den Weg dahin im Auge, schreiben Sie darauf zu.

20. Der Dialog

Figuren sprechen und im Idealfall tun sie es fast von selbst. Trotz der szenischen Erzählhaltung liegt der Fokus im Heftroman natürlich auf der Handlung. Sie schreiben kein Theaterstück, der Dialog »plappert« nebenher. Je klarer Ihnen ist, wo Ihre Figuren stehen und wo sie hinwollen, desto einfacher wird es Ihnen fallen, den Dialog zu schreiben.

Stellen Sie sich eine Unterhaltung zwischen Mutter und Tochter vor. Das alleine lässt so viele Gesprächsmöglichkeiten zu, dass es zu einer Herausforderung wird, Spannung zu erzeugen. Sie als gut vorbereiteter Autor wissen aber, dass die Mutter die Beziehung der Tochter mit einem jungen Arzt verhindern will, und warum, das wissen sie auch: In seiner Assistenzzeit hat der Chirurg das Leben ihres Mannes nicht retten können und ist – in den Augen der Mutter – mitschuldig am Tod des Vaters. Die Tochter kämpft nun für ihre Liebe und für ein besseres Leben der verbitterten Mutter. Denn dass es einer Frau, die unreflektierte Schuldzuweisungen ausspricht und dem einzigen Glück ihrer Tochter im Weg steht, nicht gut geht, das liegt auf der Hand. Sie kennen den Standpunkt Ihrer Figuren und das Ziel, jede will die andere überzeugen. Sie haben bereits in Ihrem Handlungsverlauf festgelegt, ob und wenn, wer von beiden im Laufe dieses Dialogs Erfolg haben wird, und wie, das wissen Sie auch schon. Die Spannung ist bereits da, Sie müssen sie nur noch in Worte fassen. Je weniger Gedanken Sie sich nun machen, desto besser wird Ihr Dialog.

Beenden Sie Unterhaltungen nicht mit dem Satz *Sie unterhielten sich noch eine Weile.* Erzählen Sie den Teil des Dialogs, der für Ihre Geschichte wichtig ist, dann legen die Figuren den Hörer auf, einer verabschiedet sich, sie werden gestört oder das Kapitel ist zu Ende … Wenn das, was Ihre Figuren einander sagen, nicht wichtig für die Handlung ist, muss es nicht in einem Satz, wie dem oben genannten, zusammengefasst werden. Es ist ja nicht wichtig.

Dialog ist gesprochener Text, der sich ruhig vom Erzähltext in Schriftdeutsch unterscheiden darf. Schreiben Sie anstatt »Ich sehe nach« lieber: »Ich seh nach.« Wer würde schon das *e* mitsprechen? Achten Sie aber beim Korrekturlesen darauf, dass Ihre Dialoge nicht zu umgangssprachlich sind. Jeder Mensch hat eine eigene Sprachmelodie, die auch die Wortwahl und den Satzbau bestimmt. Gesprochen hört sich das in der Regel sehr natürlich an – es liest sich nur leider selten so. Achten Sie auch im Dialog auf klare Sprache und normalen Satzbau.

Denken Sie nicht zuviel über die Dialoggestaltung nach. Der Text Ihrer Figuren ist ein organischer Teil Ihrer Schreibe. Ihre Figuren haben Themen, also haben sie etwas zu sagen. Lassen Sie sprechen!

21. Die Kulisse

Sie haben sich bereits im Exposé für ein Genre entschieden, aber wie setzen Sie Ihre Wahl nun um? Was unterscheidet die Heldin eines Fürstenromans von der eines Arztromans? Welchen Einfluss hat die ausgewählte Kulisse auf Ihren Stil? Im Folgenden finden Sie die drei wichtigen Liebesromangenres Adel, Arzt und Heimat und ihre Besonderheiten im Bezug auf die Textgestaltung Ihres Romans. Es geht bei jeder der drei Genrekulissen darum, eine andere Grundstimmung zu vermitteln, die Ihnen als Autor bewusst sein müssen.

Weniger stark publizierte Genres wie (Romantasy, Familie, Mutter&Kind ...) eignen sich für Einsteiger nicht unbedingt. Sollten Sie dennoch für ein anderes Genre als die drei Klassiker schreiben wollen, müssen Sie sich sehr genau mit bestimmten Reihen und Serien auseinandersetzen. Solche Reihen werden immer wieder publiziert, aber auch wieder für eine Weile vom Markt genommen, die Inflationsrate ist hier sehr hoch.

Die Entwicklung der Liebesgeschichte und ihre Umsetzung, mit denen sich die übrigen Regeln beschäftigen, gelten aber natürlich weitestgehend für alle Liebesheftromangenres.

Für welche Kulisse Sie sich auch entscheiden, immer und unbedingt gilt: Lesen! Ihrem Schreiben eines Romans liegt die Lektüre von mindestens zehn Heften des Genres, das Sie schreiben wollen, zu Grunde. Lesen Sie interessiert und aufmerksam, bilden Sie sich eine Meinung, machen Sie sich ein Bild von dem Genre. Man kann es nicht oft genug sagen: Lernen Sie das kennen, was Sie produzieren wollen!

Adel

Der Adel- oder Fürstenroman ist die Glamourgarantie der Heftromanbranche. Hier agieren reiche und schöne Fürstinnen, Fürsten, Prinzessinnen und Prinzen, kurz: der Hochadel gibt sich die Ehre. Auf Landschlössern und in Stadtvillen wird intrigiert und geliebt, geweint und triumphiert. Dieses Genre stattet sich mit Reichtum aus und gewährleistet eine Welt voll Glanz, Glitter und Luxus.

Im Fürstenroman geht es zuallererst darum ein Bild vom Hochadel zu entwerfen, von Menschen, die auf Jahrhunderte alte Tradition zurückblicken können. Teil dieser Tradition ist die Tatsache, dass die Nobilität ihrer Vorfahren bis in die heutige Zeit strahlt und diese Kreise noch mit einer exklusiven Aura umgibt. So ein Roman ist nicht die Geschichte Lieschen Müllers, es ist die Geschichte von Meghan Markle.

Fürsten regieren in Deutschland nicht mehr und repräsentieren auch keine politische Macht, sie halten sich nicht per se für bessere Menschen. Der Adelsroman setzt aber nicht voraus, dass ein Fürst ist wie du und ich. Er setzt ein Standesbewusstsein voraus, um es dann wiederum zu relativieren: Zu erwähnen, dass eine Figur zwar reich und überdurchschnittlich gepflegt ist, sie sich aber nicht für was Besseres hält; darauf hinzuweisen, dass es für Ehen kein zwingendes Ebenbürtigkeitsgesetz mehr geben kann, ist eine Manifestierung jener alten Nobilität. Zu sagen, jemand sei ohne Standesbewusstsein, ist Standesbewusstsein.

Der Ebenbürtigkeitsgrundsatz kann niemandem aufgezwungen werden. Niemand darf sein Kind zu einer Ehe mit Jemanden zwingen, den es nicht heiraten will. Das Konflikt-

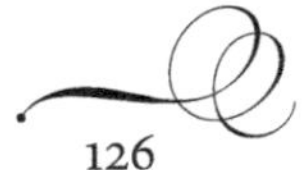

potenzial dieses Genres liegt eher in den Wünschen von Eltern, die weniger emotional motiviert sind, als ihre Kinder. Für Prinzen und Prinzessinnen geht es darum, Eltern und Liebe miteinander zu vereinen. Sie brechen für die Liebe nicht mit allem. Grundsätzlich kann sich auch im Fürstenroman jeder in jeden verlieben, Hauptsache A oder B oder beide kommen aus einer fürstlichen Familie. Und vorausgesetzt, Sie als Autor geben den beiden einen Konflikt.

In Deutschland wurden die Adelsprivilegien im Jahr 1919 abgeschafft. Um der Tradition und der Kultur willen dürfen Nachfahren adeliger Familien ihren Titel als Namensbestandteil führen. Das macht aus dem Adelstitel Prinz von Schollern einen bürgerlichen Nachnamen, in der Theorie. Das Interesse an alten Adelsfamilien ist groß und wird auch in den Medien gepflegt, sodass man fast glauben könnte, es gäbe auch heute noch den Adel wie aus der Kaiserzeit. Ungeachtet der namensrechtlichen Situation heute geht es im Heftroman nicht um eine bis ins Letzte realistische Beschreibung des heutigen Adels, sondern darum, eine bestimmte Vorstellung zu bedienen, ohne unnötig komplizierte Fakten zu vermitteln.

Sie als Autor müssen sich mit dem Adel auseinandersetzen und wissen, was einen Grafen von einem Fürsten unterscheidet, wen man Durchlaucht nennt, und wer das tut. Wie heißen die Kinder eines Grafen, wer erbt den Titel und wann? Beschäftigen Sie sich mit den hier aufgeführten Schlagwörtern, bevor Sie Ihren ersten Fürstenroman schreiben. Es hängt auch immer davon ab, wer in Ihrem Roman agiert, wenn sich ein Prinz in eine Freifrau verliebt, müssen Sie keine gräflichen Vererbungsmuster recherchieren.

Bedenken Sie bei der Konstruktion Ihrer Geschichte, dass es im Roman immer möglich ist, dass das älteste Kind den Titel erbt, auch wenn es eine Tochter ist. Das heißt für Ihre Prinzessin vielleicht, dass sie eine Erbprinzessin ist und eine Fürstin sein wird. Der bürgerliche Mann, den sie vielleicht heiratet, wird nur dem Namen nach ein Fürst werden. Während man eine bürgerliche Frau, die einen echten Adeligen heiratet, als adelig anerkennt, kann man das von einem eingeheirateten Mann nicht sagen, auch wenn er Fürst heißt. Ebenso wenig erkennt der alte Adel einen Mann als adelig an, der den Namen durch Adoption erworben hat, er wäre ein Pseudoadeliger, auch wenn er Prinz von Hollern heißt – was übrigens wunderbarer Konfliktstoff ist.

Fürstenromane handeln von Fürsten. Das heißt, Ihre Figuren sind hier entweder Fürsten oder deren Kinder. Man wird erst dann ein Fürst oder eine Fürstin, wenn der Vorgänger gestorben ist. Ein zwanzigjähriger Fürst ist unwahrscheinlich, ein zwanzigjähriger Fürst mit lebendem Vater nur dann möglich, wenn die Mutter die Titelerbin war und verstarb. Mitglieder fürstlicher Familien wurden früher und heute noch im Fürstenroman mit *Durchlaucht* angeredet. Der Adel hat eine zu komplexe Vergangenheit, um diese in ein kleines Heftchen Unterhaltung zu packen. Lassen Sie Ihre fürstlichen Figuren irgendwann wirklich einmal mit *Durchlaucht* angesprochen werden, das untermauert die Vorstellung des Adels, die dieses Genre vermitteln will.

Sie sehen, es geht um Vorstellungen, darum ein Bild zu erschaffen, das weitestgehend nobel wirkt. Der Fürstenroman legt den Fokus auf teure Designerroben der Figuren nicht deshalb, weil Fürstens keine Jeans tragen! Vielmehr ist der Hochadel nach Christiane Gräfin von Brühl eine relativ stil-

lose Gruppe und legt auf topaktuelle Mode und Designer sehr wenig Wert. Es geht im Fürstenroman aber nicht um den Versuch einer realistischen Abbildung, sondern um das Potenzial dieses Milieus. Der Adelsroman beschreibt Luxus nicht, weil er muss, sondern weil er kann. Der Hochadel bietet die Möglichkeiten dazu. Wenn Sie ein Fürstenheftchen kaufen, erwarten Sie als Leser ja auch nicht die Liebesgeschichte einer Apothekerin und eines Anwalts in Berlin-Kreuzberg.

Lesen Sie die Adelsberichte von Bunte und Gala, machen Sie sich ein Bild von aktuellem, zeitgenössischem Glamour. Von den Auftritten der Familienmitglieder der großen alten Fürstenhäuser. Wie präsentieren sie sich und schauen Sie mal auf die Liste der Thronerben für die englische Krone. Sie werden schnell merken, welche Welt Sie betreten. Aber genauso wenig, wie Sie für einen Arztroman Medizin studieren müssen, müssen Sie für einen Fürstenroman Seminare zur Geschichte des europäischen Adels besuchen. Setzen Sie sich einfach wachsam mit dem Thema auseinander.

Der Adelsroman ist neben der Beschreibung von Nobilität auch die Welt teurer Autos und pompöser tradierter Familiensitze. Dieses Genre kleckert nicht, es klotzt. Aber ein Fürstenroman ist auch die ständige Versicherung, das Geld nicht alles ist. Fürstenkinder machen sich nicht selten eigentlich gar nichts aus ihrer finanziellen Sicherheit. Der Reichtum As wird hier gern durch den verarmten Adel oder sogar Bürgerlichkeit Bs manifestiert. Das Geld rangiert hinter der Liebe, für die sie schlussendlich alles aufgeben würden. Würden! Sie müssen es nie. Im Roman kämpfen die Figuren dafür, dass Ihre Liebe in der Familie akzeptiert wird und flüchten nicht vor rationalen Konventionen in die Armut.

Im Fürstenroman lieben die Figuren einander am Ende in mehr als nur finanzieller Sicherheit. Dieses »mehr« muss der Leser sehen, denn wenn ein Prinz sich auch nichts aus seinem Familienerbe macht, wird er dennoch überdurchschnittlich gut gekleidet sein. Mit den Möglichkeiten steigen die Ansprüche. Eine Prinzessin (vorausgesetzt sie ist A oder B und nicht E), trägt das Beste vom Besten, nicht um andere zu degradieren, sondern aus einem Bewusstsein für Qualität heraus, welches ihr im besten Fall innewohnt wie eine erlernte Profession. Es ist besser, die Aufmerksamkeit auf etwas Erlernbares – wie das Wissen um Qualität – zu lenken, als den Leser nur mit den Möglichkeiten des Erwerbs teurer Produkte zu konfrontieren. Sie als Autor haben das in der Hand. Zeigen Sie dem Leser nicht bloß eine Welt, die er sich eh nie leisten können wird. Zeigen Sie ihm Figuren, die bedacht, zumindest aber auf sympathische Weise, mit ihrem Vermögen umgehen!

Arzt

Der Arztroman ist der Klassiker unter den Klassikern. Das erste, was Menschen in den Sinn kommt, wenn man Ihnen von Heftromanen erzählt, ist der Arztroman. Dr. Stefan Frank oder Dr. Norden haben einen Bekanntheitsgrad weit über Ihre Lesergemeinschaften heraus. Die Götter in weiß mit dem offenen Ohr und den heilenden Händen erfreuen sich auch beim Zeitschriftenhändler größter Beliebtheit. Arztromane sind immer Serien, die an eine Figur aus dem Gesundheitswesen gebunden sind, und eignen sich für Anfänger daher weniger gut. In Ihrem ersten Roman gleich das ganze Personal von Dr. Stefan Frank

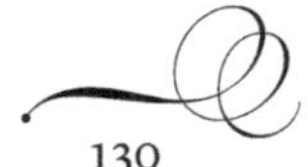

drauf zu haben und glaubwürdig in eine Liebesgeschichte einzubetten, ist eine Herausforderung – zumal man Ihnen als Anfänger nicht einfach das Serienexposé in die Hand gibt. Da aber die Auflagen der Arztromane Höhen erreichen, von denen manch ein Romantasyroman nur träumt, gehören sie ebenfalls hierher.

Arztromane spielen in Krankenhäusern oder Praxen. Die Überwindung einer körperlichen Krankheit ist ebenso Teil des Spannungsbogens wie der Kampf gegen das seelische Leiden der Liebe. Verweben Sie die Gesundung eines Patienten mit der Überwindung des Konflikts in seinem Liebesleben. Geben Sie die Lösung dieses Konflikts in die Hand des Titelhelden der Serie.

Es gibt viel Potenzial für große Dramen und die scheinbare Unmöglichkeit der Liebe. A ist davon überzeugt, eine Krankheit nicht zu überleben, lässt sich nicht auf Beziehungen ein und sieht vielleicht nicht mal mehr die kleine Chance, die er tatsächlich auf Heilung hat. Das führt zu Depressionen, die den Heilungsprozess wieder verlangsamen und einem verzweifelten B, der alles auffahren muss, um den geliebten Menschen zu retten. Oder Sie erzählen die Geschichte einer jungen Assistenzärztin, die ihrem Beruf ihre ganze Zeit widmet und neben den kranken, hilfsbedürftigen Menschen kein eigenes Leben aufbauen mag, weil es ihr zu profan erscheint. Sie kann sich nichts Besseres vorstellen, Menschen zu heilen, für alles andere ist ihr die Zeit zu schade – auch für die Liebe.

A oder B oder beide sind immer entweder Patient oder Kollege der Titelfigur, manchmal auch beides. Die Titelfigur ist, wie schon erwähnt nie selbst Teil der Liebesgeschichte, sie ist Teil der Lösung des Konflikts. Sie ist der Mentor und gute

Hirte, der zuhört und Verständnis zeigt, manchmal aber auch ermahnt.

Als Autor von Arztromanen müssen Sie eine Affinität zur Medizin haben, Sie müssen Fachbegriffe für Krankheiten, Symptome, Behandlungsmethoden und Therapien recherchieren und in Ihrem Roman so einbringen, dass jeder sie versteht. Meistens stellt der Arzt die Diagnose in Fachsprache, muss diese einem anwesenden medizinischen Laien aber dann doch noch mal erklären: ein Pharynxkarzinom ist Rachenkrebs. Machen Sie sich mit Abläufen in Praxen oder Krankenhäusern vertraut. Zu genaue oder auch zu unangenehme Details von Verletzungen und Symptomen sparen Sie aus. Wunden bluten, aber dass der Eiter trieft, muss keine Erwähnung finden. Sie wollen Ihren Leser nicht ekeln.

In Notaufnahmen kann es actionreich zugehen und natürlich ist es per se fesselnd, um das Leben einer Figur zu bangen. Im Arztroman haben Sie es daher leichter, Spannung zu erzeugen, aber überschätzen Sie dieses Potenzial nicht. Sie müssen eine Figur genauso etablieren, ihr Ziele so wie Wünsche geben und sie in eine Liebesgeschichte mit Konflikt und Lösung einbetten, um einen guten Roman zu schreiben. Man kann einen flachen Spannungsbogen nicht allein durch einen plötzlichen Unfall retten. Der Unfall hat Ursachen und Folgen und diese haben mit Ihrer Kerngeschichte zu tun: Verlieben – Konflikt – Lösung!

Es gibt gute und böse Ärzte. Neidische Konkurrenten mit zweifelhaften, unethischen Motiven geben ein gutes E ab. Nicht jeder Arzt im Heftroman ist ein Gott in weiß. Aber die schlechten Ärzte manifestieren auch hier die Unantastbarkeit von Dr. Frank und Co..

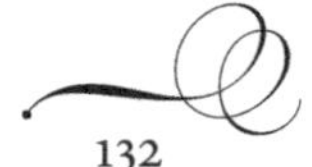

Wenn Sie wirklich einen Arztroman schreiben wollen, nur deshalb überhaupt dieses Buch aufgeschlagen haben, dann legen Sie los, dann haben Sie eben kein Serienexposé und schreiben trotzdem einen Dr. Frank. Lassen Sie sich nicht abschrecken, gehen Sie in die Sprechstunden, machen Sie einen Termin bei Dr. Norden & Co.!

Heimat ...

... deine Welt sind die Berge. Das Genre jenseits der Großstadt und des Fortschritts, jenseits von kosmopolitischer Eile und rauschenden Shoppingmeilen; das Genre, das Dörfer in Südbayern und Österreich liebt und bespielt. Die Alpenkulisse der Trachten und Dirndl, ein Leben von und mit der Landwirtschaft, ein Heimatroman. Diese Kulisse ist wirklich vor allem das: eine imposante landschaftliche Szene. Im Heimatroman verlieben sich Knechte, Bauern, Mägde, Landärzte und Urlauber aus der Stadt auf Bergwiesen, in Almhütten oder Dorfkapellen, sie tanzen im Gasthaus und bewirtschaften Bauernhöfe.

Sie wollen einen Heimatroman schreiben? Dann führen Sie Ihre Liebesgeschichte durch genau diese Welt, Sie betten Ihre Figuren in die beruflichen Gegebenheiten eines kleinen Dorfes ein. Die Ängste, die ein Bauer oder ein Bürgermeister haben kann, machen Sie sich zunutze. Auch hier können Sie Ihre Geschichten darauf bauen, dass Eltern von jungen Menschen im heiratsfähigen Alter eher wirtschaftliche als emotionale Interessen verfolgen und Ihre Kinder vorteilhaft verheiraten wollen, um tradierte Familienunternehmen weiterzuführen oder zu retten.

Das ist nur ein Beispiel für Konfliktpotenzial, das sich im Kern nicht viel von dem des Adelromans unterscheidet. In beiden Fällen ist das Happy End ein glückliches Pärchen in finanzieller Sicherheit und Idylle. Sie färben Ihre Geschichte nur anders ein. Es reicht nicht, eine Guccirobe gegen ein Designerdirndl zu tauschen, so schnell wird aus einem Fürstenroman keine Heimatromanze. Aber wenn Sie die grundlegenden, dramaturgischen Kniffe beherrschen, werden Sie sehen, dass man ähnliche Konflikte ersinnt, wenn man auf ein ähnliches Happy End hinsteuert.

Geld und Erfolg sind auch im Heimatroman ein größeres Thema, als das Genre auf den ersten Blick vermuten lässt. Die kraftvolle, imposante Landschaft ersetzt hier keineswegs die Idylle der finanziellen Sicherheit. Auch in der Alpenwelt verlieben sich nicht zwei arme Schlucker ineinander, haben am Ende sich selbst, ein Baby und Hartz IV. Existentielle Nöte werden im Laufe der Geschichte behoben. Die finanzielle Situation muss zum Teil des Konfliktes und der Lösung werden, das Baby ist am Ende happy *und* satt.

Machen Sie sich mit dem Alltag eines Bauern vertraut. Was hat ein Landwirt wann zu tun, welche Maschinen erleichtern ihm welche Arbeit? Familienbetriebe, die von Generation zu Generation weitergegeben werden, haben oft zur Folge, dass mehrere Generationen unter einem Dach leben. Selbst wenn die älteste Generation bereits ins Austragshäusl gezogen ist, ist der alte Bauer der ehemalige Chef, und in unmittelbarer Nähe. Das Austragshäusl ist der Alterssitz eines Bauern, ein kleines Häuschen auf dem eigenen Grundstück, in das er sich zurückzieht, um der nächsten Generation Platz zu machen und Vollmachten zu geben. Dennoch bleiben die Großeltern in der

Nähe und haben einen Blick auf Sohn oder Tochter und Enkel. Das birgt ganz andere dramaturgische Sprengkraft, als das Leben eines Städters, der von Eltern und Großeltern weit weg wohnt und ein unabhängiges Leben aufgebaut hat – wie es beispielsweise einem Prinzen oder Arzt möglich wäre.

Auch der Heimkehrer ist ein Motiv dieses Genres. Er oder sie kehrt nach Jahren zurück, will eigentlich nur zu Besuch bleiben, merkt aber, wie sehr die landschaftliche Ruhe und frische Bergluft gefehlt hat. Urlaubern kann es ähnlich gehen. Überhaupt ist der Tourismus in Heimatromanen ebenfalls sehr beliebt. Deutschland ist das beliebteste Reiseziel der Deutschen und Österreich ist ebenfalls unter den Top Ten, davon profitieren auch in der Realität einige idyllische Dörfer, die Ruhe jenseits des Großstadttrubels versprechen. Dorfgasthäuser haben Fremdenzimmer, fesche Bergführer verdrehen den Urlauberinnen den Kopf und Hobby-Ornithologen aus München begegnen im Wald einer Försterin.

Neben dem Beruf des Försters ist auch der des Jägers im Heimatroman sehr beliebt. Der fesche Schütze, der die Wälder durchstreift und auf Hochsitzen der Rehe harrt, findet seinen Antipoden im Wilderer, der nachts und heimlich ohne Erlaubnis die kapitalsten Böcke schießt.

Sie müssen sich ein wenig mit bayerischer Mundart vertraut machen. Fragmente des Dialekts manifestieren die Kulisse. Suchen Sie sich einzelne Wörter heraus und ersetzen Sie diese durch ihr bayerisches oder österreichisches Pendant. Verständlichkeit bleibt das oberste Gebot, Sie schreiben nach wie vor Hochdeutsch und benutzen hochdeutsche Grammatik. »Nicht« kann durch »net« ersetzt werden und »Marie Huber« ist natürlich »die Huber-Marie«, aber viel weiter dürfen Sie nicht gehen. Nach der Lektüre einiger Heimatromane werden Sie schnell ein Gefühl dafür entwickeln.

Tauchen Sie ein in Bergseen und erklimmen Sie die Gipfel dieses Genres. Vielleicht sind Sie im Heimatroman zu Hause …

22. Die Recherche

Heftromanautoren werden bei Weitem nicht gut genug bezahlt, um Orte, die sie beschreiben, auch sorgfältig zu recherchieren. Geschweige denn, dass sie die Mittel haben, Berufsfelder für eine umfassende oder gar tiefe Darstellung zu erforschen. Hinzu kommt der Zeitfaktor: Damit sich das Schreiben lohnt, sollte ein Heft in zwei Wochen geschrieben werden. Da ist jeder Tag kostbar, da fahren Sie nicht noch eben auf die Innerste des städtischen Krankenhauses und erleben einen Assistenzarzt bei der Arbeit. Heftromane wirken nicht ohne Grund manchmal schlecht recherchiert, für die Recherche wird niemand bezahlt. Buchautoren hingegen können für Sachbücher Recherchekosten manchmal sogar vom Verlag erstattet bekommen.

Leider ist es aber so, dass Leser sich so was keineswegs gefallen lassen. Wehe, Sie als Autor schreiben mal etwas, womit sich ein Leser besser auskennt und machen womöglich dabei noch einen kleinen Fehler. Schon haben Sie mindestens einen Leser beleidigt und vielleicht auch für die ganze Reihe verloren. Der Grad zwischen nicht ausreichender Recherche und geschickt

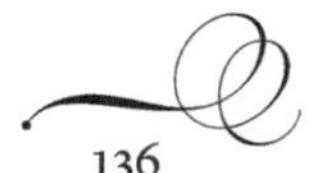

angewandtem, aber oberflächlichem Wissen ist schmal. In der heutigen Zeit hilft das Internet. Suchmaschinen kommen Ihren Recherchebedürfnissen sehr bequem entgegen. Für Texte, die sich mit einem Thema professionell, hintergründig und inhaltlich auseinandersetzen, ist Wikipedia kaum zu empfehlen und mindestens durch verifizierte Quellen zu ergänzen. Aber Sie schreiben keinen Essay, sondern ein Romanheft. Googeln Sie die Schlagwörter Ihrer Themen und Motive. Schauen Sie nach, was bei Wikipedia steht und worauf es noch verweist.

Sie können aber auch andersherum verfahren, schreiben Sie erst einmal über die Felder, in denen Sie sich sowieso auskennen. Benutzen Sie Ihre Ausbildung, Ihre Hobbys, Ihre Lieblingssachbücher, um eine glaubwürdige Welt zu beschreiben. Lassen Sie sich von dem inspirieren, was Sie umgibt. Vielleicht haben Sie eine interessante Reportage über Tulpenzüchterdynastien gesehen, schreiben Sie doch darüber. Fürstenfamilien züchten nicht immer nur Rennpferde, das ist langweilig, lassen Sie Ihre Fürsten Tulpen züchten …

Lernen Sie Sachverhalte kennen und versuchen Sie nicht, Ihren Lesern diese in der Erzählung zu erklären, lassen Sie diese einfließen. Was Sie sagen ist nur das eine und kaum die halbe Miete, es geht darum, wie Sie es tun.

Statt:
Sollte er der Fürstin die Hand küssen? Der Handkuss ging auf das Küssen des Siegelrings im Mittelalter und der frühen Neuzeit zurück. Man küsste den Ring seines Herrschers, um seine Untertänigkeit unter Beweis zu stellen. Erst später erwies man damit auch einer Dame seine Gunst. Im 17. Und 18. Jahrhundert war es schon eine Liebeserklärung, wenn man einer unverheirateten Dame die

Hand küsst und diese tatsächlich mit den Lippen berührte. Wirklich geküsst werden durften nur verheiratete Damen oder Witwen, allerdings nur in geschlossenen Räumen. Unter freiem Himmel wurde der Kuss immer nur angedeutet.

Bauen Sie diese Informationen lieber in den Dialog ein:
»Muss ich deiner Mutter denn auch die Hand küssen?«, fragte er unsicher.

Die Prinzessin lachte. »Nein, ich glaube, das würde sie irritieren«, erklärte sie bereitwillig.

Er seufzte erleichtert. Ihm wäre das sehr antiquiert vorgekommen.

»Da bin ich aber froh. Mich würde so was auch sehr irritieren. Warum macht man das eigentlich?« Sie sah ihn freundlich an. Ja, woher hätte er das auch wissen sollen?

»Das geht auf das Küssen des Siegelrings zurück. Man küsst den Ring seines Herrschers, um seine Untertänigkeit unter Beweis zu stellen. Erst später erweist man damit auch einer Dame seine Gunst. Und noch ein bisschen später ist es schon eine Liebeserklärung, wenn du einer unverheirateten Dame die Hand küsst und diese tatsächlich mit deinen Lippen berührst.« Herausfordernd sah sie ihn an.

»Tatsächlich?« Er musste schmunzeln. Gut zu wissen, dachte er.

Werfen Sie nicht mit Jahreszahlen oder langweiligen Fakten um sich. Je weniger Sie tun, als ob Sie ganz genau über die Kulturgeschichte des Handkusses Bescheid wüssten, desto weniger Leser werden Sie vor den Kopf stoßen.

Nutzen Sie Ihr Wissen um den Handkuss für Ihre Geschichte. Was glauben Sie, wie der junge Mann aus dem

kleinen Dialog oben seiner Herzensdame später seine Liebe erklären wird? Genau, er wird ihre Hand küssen, und das nicht nur angedeutet.

Schreiben Sie nach bestem Wissen und Gewissen. Verstricken Sie sich nicht in Details oder genauen Erklärungen. Leser von Heimatromanen müssen nicht durch Sie lernen, wie ein Mähdrescher genau funktioniert. Hauptsache Sie setzen diese Maschine in Ihrem Roman nicht falsch ein! Auch wenn Sie es genauer wissen und erklären könnten, werden Sie nicht zum Dozenten! Bleiben Sie bei Ihrer Geschichte und erzählen Sie diese!

23. Der Kuss

Ihr Roman hat einen emotionalen Höhepunkt, bevor der Konflikt sich ausbreitet und die Liebe scheinbar unmöglich macht. Was dieser Höhepunkt sein kann und wie Sie mit dessen Aufbau umgehen, wurde hinreichend beschrieben. Dennoch hat Ihr Roman noch eine heimliche Hauptfigur: den ersten Kuss. Natürlich steht eine Verlobung oder der erste Sex sowohl in der realistischen Beziehungsentwicklung als auch in Ihrer Dramaturgie eine Stufe über dem ersten Kuss, dennoch birgt genau dieser Moment die romantische Sprengkraft, mit der Ihr ganzer Roman steht und fällt. Sex dürfen Sie nur bedingt beschreiben und eine Verlobung ist ein offizieller gesellschaftlicher Akt, ein rationales Versprechen. Ein Kuss aber ist das Zeichen für aufkeimende Paarliebe, für prickelndes Verlieben – und Sie dürfen einen Kuss detailliert beschreiben.

Ein Kuss ist das richtige Maß an Nähe für den Heftroman, nichts ist romantischer als der perfekte erste Kuss. Gehen Sie also sorgfältig damit um. Wie würden Sie gern zum ersten Mal geküsst? Welche Sehnsüchte haben Ihre Figuren? Beschreiben Sie das und finden Sie einen Rhythmus. Sie dürfen diesen magischen Moment weder breit treten noch zu kurz halten. Bauen Sie körperliche Spannung auf oder überraschen Sie Ihre Figuren mit diesem Kuss? Beides ist möglich.

Aber gehen Sie nicht inflationär mit diesem Moment um, ist der Kuss vorbei, ist der Kuss vorbei. Alles, was Sie danach beschreiben wird im Schatten dieses Moments stehen, ein zweiter Kuss wirkt sehr schnell lächerlich. Das heißt nicht, dass A und B sich nur einmal küssen dürfen, Ihre Erzählung zeigt es bloß nur einmal, die folgenden Begrüßungs- oder Abschiedsküsse erwähnen Sie mehr, als dass von ihnen erzählen. Je mehr Küsse Sie zeigen, desto weniger wirkt der einzelne und irgendwann nervt es ganz einfach. Seien Sie sorgfältig. Zerstören Sie nicht das romantische Potenzial Ihres Romans durch zu viele Küsse!

24. Die Grenzen von Sexualität und Gewalt

Inzwischen wurde deutlich, dass im Heftroman mehr möglich ist, als sein Image vermuten lässt. Es kommt immer darauf an, wie Sie das zeigen, was Sie erzählen wollen. Darauf, dass Sie sich innerhalb bestimmter Regeln und Grenzen bewegen. Für Sexualität und Gewalt gelten besonders enge Grenzen, die eine Erwähnung wert sind.

So wie die Liebe nicht ohne Sex auskommt, bedarf auch der Liebesroman Tendenzen sexueller Spannung. A und B sind sexuelle Wesen mit Bedürfnissen und einem Recht auf Körperlichkeit. Aber diese Sexualität bedarf einer Reglementierung. Sie schreiben keinen Nackenbeißer oder gar erotischen Liebesroman. Wenn A und B miteinander schlafen – und das ist möglich – machen Sie klar, dass es passiert oder passiert ist, Sie beschreiben es nicht detailliert. Tatsächlich gilt im Falle von Sexualität im Liebesroman *Tell, don't show.* Jeder Leser mag sich Vorstellungen machen. Sex wird angedeutet, nicht ausgestellt. Die Sexualität der Figuren wird geschützt und mit ihr die Protagonisten selbst, die sexuell aktiv sind oder im Begriff sind, es zu sein. Anatomische, biologische oder pornographische Details sind nicht von Interesse. Beschreiben Sie Sehnsucht und Begehren, aber schließen Sie die Schlafzimmertür von außen.

Die versuchte, nur äußerst selten vollzogene, Vergewaltigung ist ein mögliches C und bietet viel Konfliktpotenzial. Auch das ist möglich, aber ein sehr großes Trauma für eine Figur, die am Ende ein glückliches, unbeschwertes Leben vor sich haben soll. Mit einer Vergewaltigung müssen Sie als Autor vorsichtig und verantwortungsbewusst umgehen. Überlegen Sie sich gut, ob Sie soviel traumatisches Potenzial in einem Unterhaltungsheftchen verarbeiten können.

Menschliche Figuren haben menschliche Bedürfnisse. A und B kann ein Nieser entfahren oder sie müssen auf die Toilette. Im Heftroman ist es dabei völlig ausreichend, das Aufsuchen des WCs zu erwähnen, begleiten muss der Leser dorthin niemanden, höchstens zum Nasepudern. Das Bild, das von den Helden im Heftroman entworfen wird, ist ein ästhetisches, selbst das Leiden einer Heldin ist schön anzusehen, weint sie doch in seidene Kissen oder in der idyllischen Bergeinsamkeit. Eine Figur auf dem Klo kann durchaus sympathisch sein, aber der Heftroman sucht eine andere, betont respektvolle Sympathie – besonders für seine Helden.

Wo Liebe ist, da ist auch Hass, wo Hass ist, ist Gewalt. Im Heftroman prügeln sich Prinzen um Prinzessinnen, hier haben Autounfälle auch mal tödliche Folgen, werden Brände gestiftet und es fallen Schüsse. Ein Chirurg ist ständig mit den Folgen von Gewalt beschäftigt. Sie treibt die Handlung und die Entwicklung der Figuren voran, sie schürt und löst Spannung.

Aber wie für die Sexualität, gilt auch für die Gewalt, dass im Heftroman weder Opfer noch Täter durch grausame Darstellungen körperlicher Versehrtheit oder einer allzu genauen Beschreibung des Tathergangs bloßgestellt werden. Selbst der Arztroman kommt, wie Sie wissen, ohne anatomische, detailgetreue Beschreibungen von Verletzungen aus. Es bleibt dem Leser überlassen, sich, wenn eine Wunde blutet, Folgen der Verletzung und weitere damit zusammenhängende Körperflüssigkeiten zu denken.

Auch psychologisch haben Gewalt und Hass ihre Grenzen. Psychische Traumata dürfen nicht in aller Tiefe reflektiert und

verarbeitet werden. Der Heftroman ist nicht die Geschichte einer Psychotherapie, sondern einer Liebe. Sie müssen sich sehr genau überlegen, wie weit Sie mit der Gewalt gehen, Sie hat Ursachen und Folgen, und die müssen Sie natürlich wieder mit der Dramaturgie-Trias Verlieben-Konflikt-Lösung verweben. Natürlich kann ein brutaler nächtlicher Überfall spannend sein, aber wem auch immer das passiert, er wird nicht am nächsten Tag aufgeregt zu einem Date erscheinen und die letzte Nacht vergessen haben.

Gewalt ist im Heftroman allerdings kein bestrafendes Element. Wer sollte die Gewalt gegen E ausüben? Derjenige würde sich damit auf Es Niveau herablassen. Ihre Helden aber stehen darüber. Das heißt nicht, dass der Held E nicht eine runterhauen darf, wenn E sich an der Heldin vergehen will. Nur reicht das nicht als Strafe. Sollte E tatsächlich versuchen B zu vergewaltigen, hat er nicht bloß eine Faust im Gesicht verdient. Da müssen Sie schon tiefer in die Trickkiste greifen, um das notwendige Gleichgewicht wieder herzustellen.

Gehen Sie sorgsam mit Sex, Gewalt und menschlichen Bedürfnissen um. Sie schreiben weder *Feuchtgebiete* noch *Fight Club*, sie wollen nicht provozieren, sie wollen unterhalten!

25. Die Unterhaltung

Sie wollen unterhalten, Sie wollen die Erwartungshaltung Ihrer Leser erfüllen und eine Romanze mit Happy End auf 90 Manuskriptseiten schreiben. Unterhaltung heißt nicht nur, die Geschichte in den Vordergrund zu stellen, sondern auch, diese mit Leichtigkeit zu erzählen. Das Romantische kann Erzählung beschweren, wenn es zu kitschig wird. Eignen Sie sich lieber ein wenig Humor an. Solange Sie nicht für eine Schicksalsreihe schreiben, hat Humor noch nicht geschadet. Seien Sie nicht lächerlich, reihen Sie keine Schenkelklopfer aneinander und seien Sie auch nicht ironisch, aber lehnen Sie Ihre Schreibe eher an das Buchgenre Romantic Comedy als an Liebesdramen an.

Wenn Sie etwas besonders Tragisches geschehen lassen wollen, dann nur, um mit Ihrem guten Ende doppelt zu punkten. Und trotz Tragik kann eine gutgelaunte Figur (z. B. Freund oder Freundin eines Helden) nicht schaden, die überall Optimismus versprüht und Mut macht. Sie als Autor schreiben leicht und machen Freude!

Nach diesen 25 Regeln zum Schreiben von Heftromanen, fragen Sie vielleicht – und das nicht zu Unrecht – wo bleibt die Kreativität? Die Kreativität kommt jetzt, sie paart sich mit Ihrem Beherrschen all dieser Regeln und den professionellen Umgang, den Sie erlernen können. Genau werden Sie Ihr Maß an Kreativität erst kennen, wenn Sie sich durch die Regeln gekämpft und ein wenig Routine erschrieben haben. Stellen Sie Gleichgewicht her, auch für sich selbst im Schreiben. Sie werden erst dann in der Lage sein, all diese Vorgaben durch Kreativität auszugleichen, wenn Sie die Regeln problemlos beherrschen. Lassen Sie sich nicht entmutigen. Schreiben ist Arbeit und scheitert wirklich selten an Zeitmangel. Also, nehmen Sie sich Zeit und schreiben Sie Ihren ersten Roman!

IV. *Weiter!*

Fesselnde Passage über Einstieg und Leben im Trivialliteraturbetrieb

Ein erfahrener professioneller Autor schreibt bis zu vier Romane im Monat. Pro Roman erhält er je nach Verlag, Reihe oder Serie zwischen 500 und 1500 Euro. Von diesen Honoraren muss der Autor sich versichern, Steuern zahlen und nicht zuletzt einen Arbeitsplatz unterhalten. Man kann seinen Lebensunterhalt so bestreiten. Ist das Verhältnis zum Verlag einmal etabliert, kommt es einer Festanstellung auf jeden Fall näher, als dem Leben des freien Autors von Hoch- oder Unterhaltungsliteratur.

Mit einem einzelnen Buch verdient man vielleicht mehr als mit einem einzelnen Heftroman, manchmal aber auch weniger. Und selbst wenn das Buch mehr einbringt als ein Romanheft, die allerwenigsten Autoren schreiben ein Buchmanuskript, das ihren Lebensunterhalt genauso lange sichert, wie sie an dem Text gearbeitet haben. Zwei Jahre Recherche und Schreiben wiegen selten durchschnittlich 2000 Euro monatlich, zwei Jahre lang, auf. Ein Heftromanautor hingegen wird in diesem Zeitraum spätestens alle zwei Wochen einen Roman fertig und dadurch ein regelmäßiges Einkommen haben.

Der Autor ist mit einem Dienstleister im Produktionsprozess vergelichbar, am Gewinn wird er nicht beteiligt. Die Zeit, die das Schreiben eines Romans in Anspruch nimmt, deckt sich bei erfahrenen, schnellen Autoren mit der Zeit, die diese von dem Honorar leben können. Für Gelegenheitsautoren sind Heftromane ein lukrativer Nebenjob.

Das Bild des Heftromanautors, der nichts anderes schreiben kann oder verkauft bekommt, entspricht nicht der Realität. Die meisten Heftromanautoren schreiben weniger aus Verlegenheit als aus Überzeugung Trivialromane. Die wenigsten Autoren anspruchsvoller Hochliteratur wären in der Lage den Anforderungen der Heftromanbranche zu genügen. Man blickt nicht einfach von seinem Berliner-Szene-Roman auf und reißt mal eben einen Heimatroman runter. Umgekehrt sind Heftromanautoren auch nicht unbedingt in der Lage eine gesellschaftskritische Sozialstudie zu schreiben.

Der klassische Spannungsbogen des Kitschromans ist leicht durchschaubar, aber noch lange nicht schnell oder einfach erfunden. Nur weil fast jeder die weitere Handlung von einer Romanze voraussagen kann, könnte er sie noch lange nicht selbst erschaffen. Den Regeln des Romanhefts zu folgen und gleichzeitig eine schöne, spannende Geschichte zu erzählen, ist eine Herausforderung. Man hat dafür ja auch nicht beliebig lange Zeit, wenn sich diese Arbeit rechnen soll.

Heftromanautoren verachten ihre Arbeit nicht, sie schämen sich nicht. Sie sprechen von einem Traumberuf und sind sehr gut ausgebildet, meistens Akademiker. Sie haben strukturierte Tagesabläufe und gut und gern einen Achtstundentag, zu dem sie sich auch noch täglich selbst disziplinieren müssen. Sie können die Heftromanstrukturen meistens spielend auf die

Profile mehrerer Serien oder Reihen anwenden. Sie schreiben für den Markt und damit für ein sehr großes Publikum. Bei einer Auflage von durchschnittlich 20 000 Stück pro Roman, kann der Autor trotz hoher Remittentenquote davon ausgehen, eine große Lesermenge erreicht zu haben.

In Reihen und zirkulären Serien wird auch gern nachgedruckt. Es erscheinen ganze Reihen, die nur aus Nachdrucken bestehen, und das bringt den hier erneut publizierten Autoren ein Nachdruckhonorar. Das ist schön, aber als Verdienst nicht kalkulierbar, da der Autor keinen Einfluss darauf hat, ob seine Romane erneut gebracht werden.

Sie haben nun also Ihren Roman geschrieben, sind den 25 Regeln gefolgt und haben eine Romanze verfasst? Dann los, gerade junge Autoren werden gesucht, Nachwuchs ist gefragt. Happy Ends am laufenden Band zu produzieren kann glücklich machen. Kultfiguren wie *Dr. Stefan Frank* einmal Leben eingehaucht zu haben sowieso und von dem Potenzial, das ein hoher Kitschfaktor für Susan Sontags Dandy der Postmoderne oder die modernen Performer hat, muss man nicht sprechen – die Dandys wissen es sowieso …

Wie schon erwähnt, steigen Sie als Anfänger nicht gleich in die Einplanungszyklen ein, ohne dass man Ihren jeweiligen Roman kennt. Den müssen Sie auf eigenes Risiko vorher fertig schreiben und einreichen. Je nach Verlag müssen Sie das übrigens so oder so. Erst wenn Ihr Manuskript geprüft wurde, wird man es kaufen und einplanen. Sie räumen dem Verlag dann in einem Standardvertrag ein unbeschränktes Nutzungsrecht ein. Das Honorar ist Verhandlungssache, wird bei Anfängern aber natürlich eher im unteren Bereich der Spanne angesiedelt sein. In diesem Vertrag verzichtet der Autor auf sein Recht auf

Namensnennung als Urheber und gibt auch die Lizenzrechte weiter. Vermittelt der Verlag Nutzungsrechte erfolgreich an Dritte, teilt er sich den Erlös aus diesem Lizenzverkauf zu 50/50 mit dem Autor (Ausnahme: Ebooks). Nach drei Jahren darf man als Autor allerdings um die Freistellung des Manuskriptes bitten und den Text an andere Verlage zur Publikation verkaufen. Natürlich nur im deutschsprachigen Raum, das Recht an Auslandslizenzen hat sich der Verlag im Vertrag unabhängig von einer späteren Freistellung gesichert.

Ihr Roman sollte die Länge vorgegebenen Zeichen (etwa 160 000) eher über- als unterschreiten. Lektoren haben schneller gestrichen, als etwas hinzugeschrieben. Sie reichen nun Ihren Text inklusive eines Exposés ein. Ihr Exposé wird klären, ob Sie eine Story aufbauen können, während Ihr Roman zeigt, ob Sie auch zur Umsetzung Ihres Exposés in der Lage sind. Sie können je nach Verlag auch erstmal nur eine Leseprobe von 20 Seiten einreichen. Sollten Sie wirklich überzeugen, wird man Sie um den Rest des Textes bitten. Reichen Sie aber immer die ersten Seiten eines Romans ein, und das fortlaufend, nichts von »weiter hinten«, nicht Kapitel 1, 2 und 9. Sie gehen auf Nummer sicher, wenn Sie den gesamten Text und ein Exposé einreichen, damit kann man bei keinem Heftromanverlag etwas falsch machen.

Reichen Sie immer nur ein Projekt ein! Es mag so aussehen, als erhöhten Sie Ihre Chancen durch drei Romanideen, aber diese werden sich nur gegenseitig verwässern. Konzentrieren Sie sich auf einen Stoff und bieten Sie Ihre Ideen nicht inflationär an. Sie dürfen bei einem Lektor auch nicht den Eindruck erwecken, Sie seien überambitioniert. Sie mindern Ihre Chance, dass man sich an Ihre Schreibe erinnert, wenn man hierfür gleich drei Geschichten im Kopf haben muss.

Reichen Sie ein Exposé und den dazugehörenden Roman oder eine Leseprobe dieses Romans ein, und nur das! Ergänzen Sie Ihre Texte nicht durch andere Publikationen. Sie mögen bereits journalistisch geschrieben oder für das Fernsehen getextet haben, das steht in Ihrer beigefügten Vita/Bibliographie (s. u.). Kurzgeschichten, mit denen Sie Preise gewonnen haben, ebenfalls. Aber einen Heftromanredakteur interessiert das nicht inhaltlich, er wird keine Reportage von Ihnen lesen und dann überlegen, ob Sie auch einen Heftroman schreiben können. Er kauft Romane.

Sie fügen Ihrer Einsendung ein Anschreiben, in dem Sie sich kurz vorstellen, und eine Kurzvita oder Publikationsliste bei und schicken alles an das Romanlektorat des jeweiligen Verlags. Die E-Mail-Adressen finden Sie im Internet. Halten Sie sich im Anschreiben kurz, erzählen Sie keine Anekdoten aus Ihrem Alltag oder warum Sie schreiben wollen. Bieten Sie Ihr Manuskript an. Sie haben es geschrieben und Sie haben jedes Recht, es vorzulegen. Bitten Sie nicht um eine Chance, erwähnen Sie nicht Ihre Anpassungsfähigkeit oder Ihre romantische Ader. Sie stellen sich kurz vor, bitten um Prüfung Ihres Textes und eine Antwort. Bleiben Sie sachlich und freundlich. Sie müssen Ihre Geschichte nicht noch mal zusammenfassen, das macht Ihr Exposé.

Vorher mit der Redaktion zu telefonieren schadet nichts, bringt Sie aber auch nicht weiter. Was für ein Buchprojekt sinnvoll sein kann, ist hier überflüssig. Bei einer Buchidee besteht die Notwendigkeit das Besondere an Ihrem Manuskript herauszukehren, etwas woran sich der Lektor erinnern wird, wenn er Ihr Manuskript dann auf dem Schreibtisch haben wird. Ein Heftromanlektor erinnert sich kaum an die vier Romane, die er in der Woche vorher redigiert hat, wie soll er Ihre Idee behalten? Er sucht ja auch nicht primär etwas Besonderes, sondern etwas, das sich einfügt und bestimmten Qualitätskriterien gerecht wird. Er wird sich dann mit Ihrer Geschichte beschäftigen, wenn er Ihre Leseproben prüft. Danach wird er damit umgehen und darauf reagieren. Sie werden Ihre Chance bekommen!

Nachdem Ihr Manuskript eingereicht wurde, müssen Sie warten. Die Prüfung dauert, wie in jedem Verlag, bis zu zwei Monate. Bleiben Sie geduldig, man wird Ihren Text lesen, alle unverlangt eingesandten Manuskripte werden geprüft. Im Falle einer Absage, sollten Sie professionell bleiben und nicht nachhaken. Ein *Nein* ist ein *Nein*. Nehmen Sie das nicht persönlich, Lektoren sind keine Poetikdozenten, Sie können sich nicht mit jedem Einzelfall beschäftigen. Außerdem sind ihre Erfahrungswerte in dieser Hinsicht leider eher schlecht. Hat man einmal einem Autor etwas mehr als eine schlichte Absage geschrieben, ruft der gleich fünf Mal in der Redaktion an und möchte über seinen Roman sprechen. Da werden Zeichen in Absageformulierungen gedeutet, die dann wieder ein Gespräch erfordern. Noch einmal: Ein *Nein* ist ein *Nein*. Lektoren wollen keine Autoren adoptieren, Sie wollen Manuskripte publizieren. Also schreiben Sie ihnen eins.

Trotz des Bedarfs an Nachwuchsautoren fehlt den Redaktionen die Zeit mit Ihnen zu arbeiten. Wenn Ihr unverlangt eingesandtes Manuskript nicht perfekt ist, wird es abgelehnt. Mit ein wenig Arbeit und einem anständigen Lektorat wird auch Ihr abgelehnter Roman vielleicht perfekt – aber eben nur vielleicht! Und das ist ein hohes Risiko. Wenn man nach monatelanger Arbeit feststellt, dass es mit Ihrem Roman nichts wird,

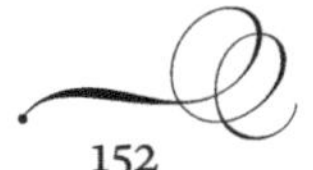

hat der Redakteur seine Zeit verschwendet – und Sie Ihre auch. Nur dass Sie dafür keinen Cent sehen. Dem will der Verlag Sie nicht aussetzen. Außerdem will er seine Ressourcen schonen und darauf verwenden, die Qualität der im Akkord produzierten Hefte hochzuhalten.

Der Vorteil der Heftromanbranche ist jedoch ihre Schnelllebigkeit. Nehmen Sie sich einige Monate Zeit, verbessern Sie Ihre Schreibe, überprüfen Sie die Anforderungen von Serien und Reihen erneut und schicken Sie ein neues Projekt. Bitte überarbeiten Sie nicht einfach Ihren ersten Versuch, das geht meistens schief und macht Sie nicht besser. Ein völlig neuer Roman jedoch ist eine neue Blickrichtung, ist ein Projekt, wo Sie bereits Gelerntes anwenden und weiterentwickeln können. Lassen Sie den Roman, der keinen Anklang gefunden hat, los. Der war es nicht, der hat nicht gereicht, Sie werden andere schreiben. Loslassen müssen Sie in dieser Branche sowieso fast wöchentlich. Sollten Sie die erste Absage ohne Nachfragen hingenommen haben, wird man einem zweiten Manuskript eine Chance geben und sich vielleicht eh nicht an Ihren ersten Versuch erinnern.

Keiner kann Ihnen garantieren, dass Ihre Texte Anklang finden, Sie können nur ein Angebot machen, das so gut wie möglich ist. Geben Sie Ihr Bestes und halten Sie damit nicht hinter dem Berg, Sie werden Ihre Chancen bekommen, nutzen Sie sie!

V. Wegweiser …

Bezauberndes Beispielexposé und dramatisches Treatmentvorbild

Nach all der Theorie nun die Frage: Wie sieht das in der Praxis aus? Natürlich müssen Sie fertige Romanhefte kaufen und lesen. Die Kenntnis solcher Endprodukte ist unabdingbar für eine Autorentätigkeit, aber ein publiziertes Heft entspricht leider nicht immer den Qualitätsstandards, von denen Sie wirklich etwas lernen können. Manchmal muss ein Heftromanverlag auch Geschichten drucken, mit denen der Redakteur nicht hundertprozentig zufrieden ist. Dafür ist aber auch jede Woche ein Roman beim Zeitschriftenhändler.

Darüber hinaus gibt ein fertiges Heftchen wenig Aufschluss darüber, wie es entstanden ist. Sie haben viel zu Exposé und Treatment gelesen und einen Einblick in die Praxis dieser Produktionsstufen erhalten. Nun finden Sie in diesem Kapitel die komplette Romanwerkstatt zu einem Fürstenroman. *Bin ich deine Liebe wert? Als Prinz Christian sich in eine Bürgerliche verliebte* heißt das Werk, dessen Exposé, Personenregister und Treatment Sie mit der vorangegangen Theorie abgleichen können. Das Exposé kennen Sie schon aus dem Fließtext. Um Ihnen darüber hinaus einen kleinen Eindruck von dem vollständigen Weg zum fertigen Roman zu vermitteln, finden

Sie abschließend das zweite Kapitel des Romans. Den ganzen Roman können Sie bei Interesse kostenlos als PDF-Datei herunterladen: www.autorenhaus.de. Dort finden Sie mit *Ein verhängnisvoller Brautstrauß* auch unsere Heimatgeschichte als vollständigen Roman, selbstverständlich ebenfalls kostenlos.

So sehen Sie am Ende dieses Ratgebers noch einmal, wie aus einer Idee eine Geschichte wird und können Theorien in ihrer Anwendung kennenlernen. Aber dann hilft es alles nichts, dann müssen Sie selber ran.

1. Beispiel für ein Exposé

Bin ich deine Liebe wert?

Als Prinz Christian sich in eine Bürgerliche verliebte

Diesen Sommer findet das wichtigste Séjours der Saison auf Schloss Prenn statt. Patrizia Fürstin von Prenn zu Daringhausen (45) kann es kaum erwarten, ihre burschikose Tochter Prinzessin Felizitas (20) während des einwöchigen Tanztees mit anschließendem Ball an den Mann zu bringen. Erste Wahl ist Christian Prinz von Findenburg (23). Christian aber begegnet unerwartet Sarah Grundt (22), der für das Séjours angestellten Aushilfsköchin und schenkt ihr sein Herz. Auch die bürgerliche Sarah kann dem Charme des Prinzen nicht widerstehen. Beim Sommerball tanzt Christian nicht mehr als notwendig mit Prinzessin Feli und verlässt den Tanzsaal. Im Schlosspark

trifft er auf Sarah, wo beide sich ihre Gefühle erklären und eine aufregende Liebesnacht erleben.

Zurück auf dem Schloss seiner Familie ignoriert Christian die Fragen bezüglich Felis und setzt alles daran, seinen Vater Ludwig Fürst von Findeburg (51) davon zu überzeugen, dass die Schlossköchin dringend entlastet werden muss. Währenddessen hat Sarah Schloss Prenn wieder verlassen und ist bei ihrem Bruder Alexander Grundt (25). Die Unterschiede zwischen ihr und »Fürstens« sind ihr nur zu bewusst geworden. Als Schloss Findenburg ihr schließlich offiziell eine Festanstellung anbietet, sagt sie mit gemischten Gefühlen zu. Sie vermisst Christian und sehnt sich nach ihm, aber an eine gemeinsame Zukunft kann sie nicht mehr glauben. Der Alltag der Adeligen hat sie eingeschüchtert. Entsprechend zurückhaltend begegnet sie dem Prinzen bei ihrer Ankunft auf Findenburg. In seiner Gegenwart fühlt sie sich unwohl. Christians Plan geht nur zur Hälfte auf. Sarahs Können und ihr sympathisches Wesen nehmen zwar seine Eltern für sie ein, aber er selbst beginnt an ihren Gefühlen zu zweifeln.

Die Damen Prenn sagen sich übers Wochenende an und Fürstin Patrizia fällt aus allen Wolken, als sie sieht, wohin es ihre ehemalige Aushilfsköchen verschlagen hat. Sofort erspürt sie den Grund für diesen Arbeitsplatzwechsel und sieht die geplante Ehe ihrer Tochter in Gefahr. Sie erzählt Elena von Findenburg (48), dass Sarah eine intrigante Person ist, die es offensichtlich auf einen adeligen Bräutigam abgesehen hat. Sarah hört das zufällig mit an und ergreift die Flucht. Sie glaubt nicht, dass man nach ihrer Version der Geschichte fragen würde und wenn, würde man ihr nur bestätigen, dass sie unwürdig ist. Auch Christian wird früher oder später einsehen müssen, dass sie ihn nur blamieren, aber auf keinen Fall glücklich machen wird. Sarah verschwindet schweren Herzens und ohne ein weiteres Wort aus dem Schloss. Nie hat sie so sehr gelitten, aber sie würde sich in dieser Welt des Hochadels nie wohlfühlen. Christian sieht in diesem feigen Verschwinden eine Bestätigung seiner Zweifel, Sarah hat ihn nie geliebt! Darunter leidet er zwar, aber nachlaufen wird er der rückgratlosen Köchin nicht.

Einzig die burschikose, patente Prinzessin Feli macht sich den richtigen Reim auf Sarahs Verschwinden. Sie hat die Hilfsköchin immer gemocht und an Prinz Christian wenig Interesse. Sie will sich einfach noch nicht verloben, aber dass Christian und Sarah sich aus Liebe gegenseitig unglücklich machen, hat sie schon bei ihrer Ankunft auf Schloss Findenburg bemerkt. Während ihre Mutter wieder nach Hause fährt, macht die Prinzessin sich auf die Suche nach Sarah und findet die junge Frau schließlich bei deren Bruder Alex. In der WG des Studenten herrscht ein turbulentes Leben, das der Prinzessin sehr viel mehr zusagt, als die steifen Tanztees ihres Standes. Sarah schüttet der sympathischen Feli ihr Herz aus und die Prinzessin macht sich daran, die Minderwertigkeitskomplexe ihrer neuen Freundin zu Nichte zu machen. Als Alex Zweifel an Felis Theorie – Liebe kenne keinen Stand – äußert, sieht sich die Prinzessin herausgefordert. Sie packt Alex und Sarah ins Auto und fährt nach Schloss Prenn, wo sie Alexander Grundt, ohne ihn vorher eingeweiht zu haben, als ihren Verlobten vorstellt. Feli stößt ihre Mutter eiskalt vor den Kopf und stellt sie vor die Wahl: Entweder diesen Schwiegersohn oder keine Tochter mehr! Schließlich gibt Fürstin Patrizia nach und lädt Alex ein, auf dem Schloss ein paar Tage zu verbringen. Die Geschwister sind zwar beeindruckt – Sarah hat alles im Nebenraum mit-

gehört – aber Alex findet auch, dass das ein recht makaberer Scherz ist. Das war kein Scherz, erwidert Feli selbstbewusst. Sie würde Alex sofort heiraten. Der Student ist baff und während sich das ungewöhnliche Paar seine Gefühle gesteht, zieht Sarah sich zurück. Sie hat genug gesehen. Sie weiß jetzt, dass sie sich nicht verstecken muss, nur weil sie nicht adelig ist.

Sarah fährt nach Findenburg und bittet Fürst und Fürstin selbstbewusst um Verzeihung für ihr Verschwinden. Sie erklärt außerdem ihre emotionale Situation und stößt mit dieser Offenheit auf Gehör. Christians Eltern raten ihr, sich schleunigst mit dem Prinzen auszusprechen. Sarah geht zu Christian und bittet auch ihn um Verzeihung und erklärt die Vorkommnisse und ihre Liebe. Diesmal glaubt er ihr und bittet sie um ihre Hand.

2. Beispiel für ein Personenregister

Sarah Grundt (22)
- hat gerade ihre Ausbildung zur Köchin beendet
- grüne Augen, lange brünette Haare, meistens hochgesteckt
- 1,70 m, schlank, sehr weiblich
- ausgeprägter Modegeschmack, schlicht aber elegant
- fühlt sich als Bürgerliche unzureichend

Alexander Grundt (25)
- studiert Psychologie in Trier
- grüne Augen, kurze braune Haare
- 1,95 m, normale Figur
- trägt Jeans und T-Shirt
- ausgeglichener, lebhafter Student

Joseph Karl (52)
- Koch auf Prenn
- graue Augen, Glatze
- 1,60 m, sehr schlank
- immer in blütenweißer Kochjacke

Gertrud Sindelmann (64)
- Köchin auf Findenburg
- wasserblaue Augen, grauer Haarknoten
- 1,50, rundlich
- immer in bunter Kochschürze

Christian, Prinz von Findenburg (23)
- studiert BWL, wird einmal die Bank der Familie übernehmen
- blaue Augen, dunkelblonde, leicht gewellte Haare
- 1,84 m, athletische Figur
- immer mit Jackett oder Cardigan
- bereit seinem Herzen zu folgen, was es auch sagt

Felicitas – Feli, Prinzessin von Prenn zu Daringhausen (20)
- gerade zurück von ihrem Au Pair-Aufenthalt in Moskau
- braune Augen, hellblonde kurze Locken
- 1,80 m, sportliche Figur
- trägt gern Jeans und Bluse, ungern Röcke
- burschikos und pragmatisch, aber auch leidenschaftlich

Patrizia, Fürstin von Prenn zu Daringhausen (44)
- Felis adelsstolze Mutter
- braune Augen, platinblonde, schultelange Haare
- 1,65, rundliche Figur
- trägt schlichte Chanelkostüme und Halstuch
- will die Tochter standesgemäß verheiraten

Ludwig, Fürst von Findenburg (51)
- Christians Vater
- graublaue Augen, schütteres graues Haar
- 1,84 m, normale Figur

Elena, Fürstin von Findenburg (48)
- Christians Mutter
- blaue Augen, lange brünette Haare, immer hochgesteckt
- 1,75 m, schlank

Orte
- Daringhausen: Sitz der Prenns, bei München
- Findenburg: Sitz der Findenburgs, bei Frankfurt a. M.
- Trier

3. Beispiel für ein Treatment

1. Kapitel – 2 Seiten
Schloss Prenn, Auffahrt, Juli, nachmittags
Christian Prinz von Findenburg fährt in seinem schicken kleinen Wagen die Auffahrt von Schloss Prenn in Daringhausen hoch. Er betrachtet den prächtigen Renaissancebau und vergleicht ihn unwillkürlich mit dem bescheidenen, ehemaligen Jagdschloss, das seinen Eltern als Wohnsitz dient. Seine Familie ist genügsamer und richtet daher auch nicht den diesjährigen Séjours aus. Fürstin Prenn zu Daringhausen lässt es sich nicht nehmen, den Tanztee für junge Adelige zu veranstalten. Während ein Butler Christians Gepäck aus dem Auto lädt, schweift sein Blick zu dem Fenster von Prinzessin Felizitas. Er freut sich, die junge Frau wiederzusehen. Sie war ihm immer ein guter und lustiger Freund. Für jeden Spaß zu haben und in der Kindheit ganz und gar nicht daran interessiert, Blumen zu stecken. Wahrscheinlich hat Feli inzwischen einen Jagdschein gemacht. Oder ist aus ihr tatsächlich eine feine junge Dame geworden? Christian hat sie seit einer Weile nicht gesehen und wird sich gern überraschen lassen.

2. Kapitel – 5 Seiten
Schloss Prenn, Küche, gleicher Tag
Sarah Grundt verfolgt mit großen Augen, wie ihr neuer Chef Joseph Karl mit der Fürstin Prenn zu Daringhausen den Speiseplan für die nächsten Tage bespricht. Joseph redet die Fürstin tatsächlich mit Durchlaucht an. Ihre Durchlaucht wird nicht selber zum Einkaufen in die Stadt fahren, wie Sarah nun erfährt. Das wird Sarahs Aufgabe sein. Am Nachmittag gibt es Tee und

keinen Kaffee. Der Speiseplan für die nächsten vier Tage ist exquisit. Schon jetzt graut es der neuen Hilfsköchin vor dem Ball am Samstag, wo das Essen für viele Gäste gekocht werden muss. Sarah hilft während des Séjours im Schloss aus und die Gepflogenheiten des Adels überraschen sie. Anscheinend gibt es tatsächlich große Unterschiede zwischen Blaublütern und Bürgerlichen. Die Fürstin geht und Joseph lächelt Sarah verschmitzt an. Es geht der Fürstin nur darum, in den nächsten Tagen die Verlobung ihrer Tochter vorzubereiten, klärt der Koch sie auf. Prinzessin Felicitas soll schnell unter die Haube kommen. Warum?, will Sarah wissen und der Koch tut geheimnisvoll. Felicitas von Prenn zu Daringhausen erfüllt nicht ganz die Maßstäbe ihrer Mutter.

3. Kapitel – 5 Seiten

Schloss Prenn, Felicitas Ankleidezimmer, Juli, gleicher Tag

Fürstin Patrizia sucht ihre Tochter auf, die auf dem Boden ihres Ankleidezimmers sitzt und Schachteln mit Kleidern und Seidenpapier sortiert. Sie trägt Jeans und T-Shirt und die Mutter seufzt. Sie hätte lieber eine kleine liebe Tochter, die karierte Röcke und Perlohrstecker trägt und nicht diesen Wildfang mit eigenem Kopf. Patrizia setzte sich auf einen Hocker und schlägt den mitgebrachten Gotha auf. Die Fürstin unterrichtet Feli über die Heiratspläne. Sie glaubt, ihre Tochter verheiraten zu müssen, bevor sie alt UND riesig ist. Jetzt, wo sie nur eine sehr große Frau ist, hat sie noch gute Chancen, jemanden abzubekommen. Allerdings ist die Auswahl gering, wenn man im Gotha blättert. Es braucht einen Mann, der nicht mit den Prenns verwandt, größer als Prinzessin Felicitas und im gleichen Gotha zu finden ist. Selbstverständlich wird der rangnie-

dere Gotha erst hinzugezogen, wenn alle Möglichkeiten desjenigen Handbuchs, indem auch Familie Prenn selbst zu finden ist, ausgeschöpft sind. Die Tochter zeigt wenig Verständnis, will ihre Mutter aber nicht verärgern. Also stimmt sie zu, nett und höflich zu dem Favoriten der Fürstin zu sein. Immerhin hat sie sich schon als Kind gut mit Prinz Christian verstanden.

4. Kapitel – 4 Seiten

Schloss Prenn, Salon, gleicher Tag, später Nachmittag

Prinz Christian lässt den steifen Nachmittagstee über sich ergehen. Es ist zwar schön, bei diesem ersten offiziellen Teil des Séjours alte Freunde wiederzutreffen, aber die strengen Augen der Fürstin Prenn achten zu sehr auf das Einhalten der Benimmregeln. Prinzessin Felicitas ist der gleiche Wildfang wie früher und ihr trockener Humor ist ein Lichtblick in dieser etwas hölzernen Veranstaltung. Der Prinz hofft sehr, dass die eigentlichen Tanzstunden ohne die Aufsicht Patrizias stattfinden. Dann könnte es tatsächlich lustig werden. Besonders mit einer Tanzpartnerin wie Feli. Er ahnt, warum ihm die Prinzessin zugeteilt worden ist. Patrizias Blicke sprechen Bände. Er versucht Feli mit den Augen eines Mannes zu sehen, aber sie ist und bleibt nur eine Freundin, »ein Kumpeltyp« würden seine Kommilitonen sagen. Sie schenkt ihm bemerkenswert viel Aufmerksamkeit und Christian hofft, dass er ihr Herz nicht brechen wird.

5. Kapitel – 6 Seiten

Schloss Prenn, Außengelände, gleicher Tag, abends

Sarah trägt den Müll raus und hat einige Probleme, die zwei großen Säcke zu tragen. Sie müht sich ab, aber trotzdem fällt ihr einer der Säcke aus der Hand und zerplatzt. Überall um sie herum liegen nun leere Verpackungen aus dem Plastikmüll. Unglücklich schaut sie auf den Boden, als eine freundliche Stimme ihr versichert, dass es schlimmer gewesen wäre, wenn der Biomüllsack gerissen wäre. Sarah nickt und eh sie sich versieht, hilft ihr der elegant gekleidete junge Mann, die Sachen wieder einzusammeln. Er sieht gut aus und so vornehm, dass Sarah ihn sofort abwimmeln will. Keine Durchlaucht soll ihr beim Müll helfen, das ist ihr unangenehm, aber er winkt ab und schon ist alles wieder eingesammelt. Er besteht auch darauf, ihr den kaputten Sack zu den Mülleimern zu tragen und heitert sie mit kleinen Späßen auf. Als er geht, sieht sie ihm verträumter nach, als ihr bewusst ist. Joseph kommt hinzu und holt sie in die Realität zurück, indem er ihr den neusten Klatsch und Tratsch unterbreitet. Der junge Mann, der sich gerade entfernt, ist derjenige, welche die Fürstin für ihre Tochter will: Christian Prinz von Findenburg. Sarah spürt einen Schmerz in ihrer Brust. Aber sie versucht, sich damit zu beruhigen, dass dieser Prinz so oder so nichts für sie gewesen wäre.

6. Kapitel – 4 Seiten

Schloss Prenn, großer Saal, Juli, Samstagabends

Der Ball: Christian und Feli tanzen langsamen Walzer. Sie geben sich alle Mühe, wirken aber im Vergleich zu den anderen Pärchen, die über das polierte Parkett schweben, sehr technisch und kantig in ihren Bewegungen. Scherzend erinnern sie sich an die Tanzstunden der letzten Tage, die sie mehr schlecht als recht überstanden haben. Bis zur Hochzeit ist ja noch Zeit, sagt Feli seufzend. Sie spricht zwar mehr zu sich, aber Christian fühlt sich schlagartig unwohl. Er entschuldigt sich so schnell wie möglich

und tritt hinaus in den nächtlichen Park. In der Ferne sieht er die hübsche junge Frau, der er vor wenigen Tagen mit dem Müll geholfen hat und geht zu ihr. Er ergreift die Gelegenheit beim Schopf und stellt sich vor. Das macht sie verlegen. Christian ist verzaubert von diesem zarten Wesen in der schlichten, eleganten Kleidung. Er ist auch überrascht, dass er eine Köchin vor sich hat. Eigentlich wäre es eher Aufgabe der Küchenhilfe, den Müll rauszubringen. Er hofft, dass man Sarah hier nicht ausnutzt.

7. Kapitel – 4 Seiten

Schloss Prenn, Park, gleicher Abend

Sarah weiß nicht, ob man sie ausnutzt oder was eine Küchenhilfe im Gegensatz zu einer Aushilfsköchin verdienen würde. Sie ist in der Gegenwart dieses Prinzen sowieso unfähig zu denken. Sein Lächeln beschleunigt ihren Herzschlag. Warum ist er so freundlich zu ihr? Du bist wunderschön, sagt er und plötzlich begreift sie, dass er sich in sie verliebt hat. Er scheint sich wirklich für sie zu interessieren. Sarah kann ihr Glück kaum fassen und als er sich verabschieden will, bringt sie all ihren Mut auf und ruft ihn zurück. Sie küsst ihn leidenschaftlich und überrascht damit ihn und auch sich selbst. Sie kennt sich so gar nicht, aber seine Nähe fühlt sich richtig an. Er sagt ihr, dass er sie liebt und sie gesteht ihm das Gleiche. In dieser Nacht kommen sie sich unter den Sternen sehr nah.

8. Kapitel – 2 Seiten

Schloss Prenn, Park, nächster Morgen, sehr früh

Prinzessin Feli joggt durch den Park. Sie rast über den Weg um die Müdigkeit nach der Ballnacht abzuschütteln und den Ärger über ihre impertinente Mutter loszuwerden. Sie liebt Christian nicht und es war ihr recht, dass sie nicht den ganzen Abend mit ihm tanzen musste, dass er irgendwann unauffindbar war. Vielleicht hätte sie ihrer Mutter nicht sagen sollen, dass sie nur mit Prinz Christian tanzen will. Das hat sie selbst zwar ab dem Zeitpunkt seines Verschwindens vom Tanzen entbunden, aber der Fürstin große Hoffnungen gemacht. In den Augen ihrer Mutter, weiß Feli, ist sie schon verlobt. Mitten in ihren Gedanken stößt die rasende Prinzessin mit Sarah zusammen. Die junge Köchin ist sofort verlegen und läuft rot an. Sie entschuldigt sich und macht sich aus dem Staub, bevor Feli ihr sagen kann, dass sie sich freut Sarah endlich kennenzulernen, dass sie keinen Wert darauf legt, Durchlaucht genannt zu werden und die Köchin fragen kann, was sie so früh auf den Beinen macht. Schade, denkt Feli und rennt weiter.

9. Kapitel – 3 Seiten

Schloss Findenburg, kleiner Salon, Ende Juli, abends

Christian ist am Nachmittag aus Daringhausen zurückgekehrt und dinniert mit seinen Eltern. Er vermisst Sarah schon jetzt. Sie ist inzwischen in Trier und er kann sie nicht einfach einladen, das käme einer Verlobung gleich und dafür ist es zu früh. Er überlegt fieberhaft, wann er sie in Trier besuchen kann. Elena Fürstin von Findenburg stellt inzwischen schon die zweite Frage nach Prinzessin Felicitas. Christian beantwortet auch diese nicht zur Zufriedenheit seiner Mutter. Als der zweite Gang serviert wird und zu kalt ist, kommt dem Prinzen die rettende Idee. Er schlägt seinem Vater Ludwig Fürst von Findenburg vor, eine zweite Köchin einzustellen. Die 64jährige Gertrud Sindelmann braucht offenbar ein wenig Entlastung. Ludwig wägt Vor- und Nachteile ab und kommt schließlich zu

dem Schluss, dass sein Sohn recht hat. Christian fällt ein Stein vom Herzen. So neutral, wie es ihm möglich ist, berichtet er von der unterbezahlten aber äußerst talentierten Hilfsköchin auf Prenn. Die war für das Séjours engagiert und ist wahrscheinlich auf der Suche nach einer Festanstellung.

10. Kapitel – 4 Seiten

Trier, Alex' WG-Küche, Ende Juli, abends

Sarah sitzt mit ihrem Bruder Alexander Grundt in dessen gemütlicher WG-Küche bei Pasta und Rotwein. Seltsam bedrückt erzählt sie von dem Leben, dass Adelige führen, dass erschreckend anders als ihr eigenes ist. Alex ist erst amüsiert, wundert sich aber irgendwann, warum seine kleine Schwester redet, als sei sie persönlich von diesen »Standesunterschieden« betroffen. Sie hat ja nicht einmal vor, weiter auf einem Schloss zu arbeiten. Das stimmt, sagt Sarah. Zu Alex' erster Bemerkung sagt sie nichts. Am Telefon sagt Christian immer sehr nette Sachen und gestern hat er ihr sogar eine Überraschung für heute versprochen, aber wie soll das denn weitergehen? Sarah sehnt sich nach ihm, aber sie kann sich beileibe nicht vorstellen die Freundin eines Prinzen zu sein. Gehen Prinzen überhaupt solche Beziehungen ein? Sarah glaubt eher, dass die sich verloben und verheiraten, und zwar standesgemäß. Während sie Trübsal bläst, sieht Alex die Post durch und reicht ihr einen Brief. Von Schloss Findenburg. Sarah öffnet irritiert und sagt Alex sogleich, dass man ihr einen Job in Findenburg bei Frankfurt anbietet. Gutbezahlte Festanstellung. Alex ist begeistert, er freut sich, dass man seine Schwester offensichtlich weiterempfohlen hat. Sie braucht dringend Arbeit. Er scherzt, nun geht sie ja doch wieder auf ein Schloss. Sieht so aus, sagt Sarah leise.

11. Kapitel – 4 Seiten

Schloss Findenburg, Küche, Anfang August, nachmittags

Sarah räumt mit Gertrud Sindelmann die Einkäufe ein und begegnet dabei zwischen Küche und Speisekammer Prinz Christian. Sehnsüchtig zieht er sie in seine Arme und auch sie ist selig, endlich wieder bei ihm sein zu können. Er flüstert Liebesworte und sie gibt sich große Mühe, ihnen zu glauben. Sie will sich einfach fallen lassen. Es klappt nicht. Sie fragt, ob man sich nun immer zwischen Tür und Angel heimlich küssen wird. Christian verneint. Er will seinen Eltern nur etwas Zeit geben, Sarah kennenzulernen und ihnen dann mitteilen, dass er sich in sie verliebt hat. Während er enthusiastisch spricht, hat Sarah Zweifel. Die Sympathie seiner Eltern macht ja noch keine Prinzessin aus ihr. Sie behält diese Gedanken aber für sich und lächelt tapfer.

12. Kapitel – 3 Seiten

Findenburg, Salon der Fürstin, Mitte August, nachmittags

Christian und seine Mutter puzzeln. Sie sprechen über Christians Studium und Zukunft. Ein Praktikum in der Bank der Familie wird er erst in den nächsten Semesterferien machen, aber die Mutter ist auch so stolz auf ihren Sohn. Sie dankt ihm auch erstmals für den wunderbaren Vorschlag, Gertrud zu entlasten. Sarah Grundt ist überaus fähig und außerdem ein wahnsinnig angenehmes Mädchen. Elena ist froh, sie im Schloss zu haben. Jetzt spricht sie es aus. Wie lange hat Christian auf diesen Satz gewartet? Er freut sich nicht so sehr darüber, wie er dachte. Sarah und er sehen sich wenig. Sie scheint ihm auszuweichen. Zum ersten Mal fragt er sich, ob die junge Köchin ihn wirklich liebt, oder das nur so gesagt hat, um ihn … ja, um ihn rumzukriegen. Seine Mutter unterbricht seine Gedanken mit der Mitteilung, dass Patrizia und Felicitas Prenn sich über das Wochenende angekündigt haben. Auch das noch, denkt der Prinz.

13. Kapitel – 2 Seiten

Im Auto, Mitte August, Freitagnachmittag

Prinzessin Felicitas und ihre Mutter fahren nach Schloss Findenburg. Nachdenklich blickt Feli aus dem Fenster und gesteht sich ein, dass sie Christian nicht liebt und nicht heiraten kann. Aber wie ihrer Mutter das sagen? Fürstin Patrizia plant bereits die Verlobungsfeier. Zu dieser will sie auch diese Aushilfsköchin wieder engagieren, die war in ihren Augen annehmbar. Ja, die war nett, findet auch Feli. Eigentlich schade, dass wir sie nicht immer auf Prenn beschäftigen können, denkt die Prinzessin noch. Jemand in ihrem Alter würde ihr gefallen. Ihre beiden Brüder sind immerhin schon aus dem Haus und mit dieser Sarah hätte man vielleicht mal ausreiten können. Feli schmunzelt bei dem Gedanken daran, wie ihre Mutter reagieren würde, wenn die Prinzessin mit der Aushilfsköchin ausreiten würde.

14. Kapitel – 3 Seiten

Schlossküche Findenburg, Samstagvormittag

Christian sucht Sarah in der Küche auf und zieht sie raus in den Flur. Er stellt sie zur Rede. Er fragt, warum sie ihm ausweicht und sie gesteht ihm endlich, dass sie sich unwohl fühlt. Gertrud klimpert laut und gut gelaunt nebenan in der Küche. Christian wischt Sarahs Bedenken bei Seite. Er liebt sie und sie werden das schon durchstehen. Er begreift ihr Problem nicht. Sie soll ihm einfach vertrauen. Sarah will das ja versuchen, aber auch das macht keine Prinzessin aus ihr. Er versichert ihr, dass es darauf nicht ankommt, aber sie sieht ihn nur traurig an. Er ist enttäuscht und will schon gehen, als sie ihn verzweifelt an sich zieht und küsst.

15. Kapitel – 1 Seite.
Schlossküche Findenburg, im Anschluss
Mit Entsetzen beobachtet Fürstin Patrizia, wie ihre ehemalige Aushilfsköchin Prinz Christian in die Arme zieht. Sie hatte nur in der Küche besprechen wollen, wie man ihr das Frühstück servieren soll und nun das. Leise zieht sie sich zurück. Sie bemüht sich, nicht panisch zu werden, denn sie sieht ihre Felle davonschwimmen. Fieberhaft überlegt sie, was zu tun ist.

16. Kapitel – 5 Seiten
Außengelände Schloss Findenburg, im Anschluss
Mutlos lehnt Sarah an der Schlosswand beim Eingang zur Küche. Sie weiß nicht weiter, sie bewundert Christian und will bei ihm sein, aber sie fühlt sich nicht wohl in dieser Welt. Sie kann doch nicht in der Küche arbeiten und sich heimlich mit dem zukünftigen Hausherrn zu Schäferstündchen treffen. Alles ist kompliziert geworden. Selbst der Kuss vorhin, ihr Versuch alles zu vergessen, ist fehlgeschlagen. Er hat sie einander nicht nähergebracht. Christian versteht sie nicht. Er lebt in seiner perfekten Prinzenwelt, in der es keine Probleme gibt. Für Sarah gibt es die sehr wohl. Wie soll sie denn auf all den Empfängen und Bällen bestehen, von denen sie schon auf Prenn gehört hat. Wie soll sie tanzen lernen, wenn sie zu Séjours gar nicht erst zugelassen wird. Und wenn man sie zulassen würde, wäre sie natürlich die Bürgerliche, die andere. Fürstin Patrizias Stimme

reißt sie aus ihren Gedanken. Gleich um die Ecke ist die Schlossterrasse auf der offensichtlich Fürstin Elena und Prinzessin Feli sitzen. Patrizia stößt zu ihnen und redet auf Elena ein. Sarah glaubt ihren Ohren nicht zu trauen, als sie hört, wie Patrizia sie selbst zu einer intriganten Erbschleicherin erklärt. Sarah habe sich offensichtlich bereits auf Prenn an Prinz Christian herangemacht und sei nun seine Geliebte. Sarah erstarrt bei diesen Worten. Ja, das klingt logisch und natürlich wird man sie nicht nach ihrer Version der Geschichte fragen, sondern sie einfach feuern. Auf jeden Fall wird man ihr deutlich machen, dass sie kein Umgang für einen Prinzen ist. Auch Christian wird früher oder später einsehen müssen, dass sie ihn nur blamieren, auf keinen Fall aber glücklich machen kann. Nein, da geht sie lieber von sich aus. Sie traut sich nicht jemandem unter die Augen zu treten, der sie für eine falsche Schlange und Erbschleicherin hält. Sie will nicht, dass es so endet, aber der Prinz versteht sie sowieso nicht. Sarah beschließt schweren Herzens still und heimlich von Schloss Findenburg zu verschwinden und nie wieder zu kommen.

17. Kapitel – 2 Seiten

Schlossterrasse Findenburg, im Anschluss

Fassungslos sieht Prinzessin Felicitas ihre Mutter an. Sie kann diesen Worten kaum glauben. Sarah Grundt, eine Erbschleicherin? Wahrscheinlicher ist doch, dass sie sich in Christian verliebt hat. Auch Fürstin Elena will ihrer Freundin keinen Glauben schenken, gibt aber zu, dass heimliche Küsse in der Küche nicht die feine Art sind. Das ist offensichtlich nicht die Reaktion, auf die Patrizia gehofft hat. Felicitas schweigt nachdenklich.

18. Kapitel – 2 Seiten

Christians Räume, Samstagabend

Wütend schlägt der Prinz die Tür hinter sich zu. Sarah ist verschwunden, ohne ihm ein Wort zu sagen. Jetzt ist für ihn klar, dass sie ihn nie geliebt hat. Sie hat nur mit ihm gespielt und ist zu feige, ihm zu sagen, dass er nur ein Abenteuer für sie war. Da verlässt sie lieber das Schloss, wo sie einen guten Job hatte, und das ohne ihren Arbeitgebern etwas zu sagen. Christan ist sehr enttäuscht und verletzt.

19. Kapitel – 3 Seiten

Im Auto, Ende August, vormittags

Genervt nimmt Feli einen Anruf von ihrer Mutter über die Freisprechanlage an. Nein, sie wird Prinz Christian wirklich nicht heiraten. Sie hat sich das sehr gut überlegt. Und nein, sie will auch nicht verraten, wo sie das Wochenende verbringen wird. Feli beendet das Gespräch abrupt und mit Bestimmtheit. Sie ist inzwischen in Trier und muss sich auf ihr Navigationssystem konzentrieren. Es führt sie zu der Wohnung, die in Sarahs Personalakte angegeben war. Feli hat gesehen, wie sehr ihr Jugendfreund Christian unter Sarahs plötzlichem Verschwinden gelitten hat und die Prinzessin kann sich auch nicht vorstellen, dass Sarah eine skrupellose Erbschleicherin ist. Feli will es genauer wissen.

20. Kapitel – 2 Seiten

Alex' WG, im Anschluss

Alex öffnet die Wohnungstür und steht vor einer bezaubernden, großen, jungen Frau, die sich ihm als Felicitas vorstellt. Sie sagt, sie hat Sarah auf Schloss Prenn kennengelernt und würde sie

gern sprechen. Alex hält sie für eine Kollegin und bittet Feli in die geräumige WG Küche. Er ruft nach seiner Schwester und kocht Kaffee.

21. Kapitel – 3 Seiten

WG-Küche, im Anschluss

Mit verweinten Augen kommt Sarah in die Küche und ist völlig perplex. Sie spricht Feli mit Prinzessin an und sorgt so auch bei Alex für totale Überraschung. Feli will nichts von Titel und Durchlaucht hören. Sie ist hier als Freundin, weil sie denkt, dass Sarah wohl eine Freundin gebrauchen kann. Da nickt Sarah und setzt sich ermattet an den Tisch. Feli sagt ihr auf den Kopf zu, dass sie in Christian verliebt ist und jetzt will auch Alex wissen, was genau los ist. Sarah berichtet, wie es sich für sie auf dem Schloss angefühlt hat. Feli versucht sanft und freundlich, Sarah ihre Minderwertigkeitskomplexe auszureden, aber die lächelt nur matt und entschuldigt sich. Sie möchte sich jetzt hinlegen.

22. Kapitel – 4 Seiten

WG-Küche, nächster Tag frühmorgens

Alex und Feli sitzen noch in der Küche und diskutieren. Feli ist begeistert von diesem WG-Leben – und von Alex. Der aber folgt ihrem Argument nicht, dass Liebe keinen Stand kennt. Sarah sei der lebende Beweis dafür, sagt er. Feli schüttelt den Kopf, es liegt an ihr, das anzupacken. Das ist nicht leicht, aber die Liebe sollte es wert sein, solche Standesunterschiede aktiv zu überwinden. Als er ihr gerade lächelnd versichert, dass das aus ihrer Sicht vielleicht möglich oder machbar erscheint, weil sie eine Prinzessin ist, steht Sarah verwundert und verschlafen in der Küche. Alex erklärt seiner Schwester, Felis Standpunkt und seine Gegenargumente. Aus der Sicht einer behütet aufgewachsenen Hochadeligen sind Standesunterschiede vielleicht halb so wild, aber ... Feli fällt ihm ins Wort. Wenn er ihre Mutter kennen würde, würde er nicht behaupten, es wäre halb so wild, eine Prinzessin zu sein. Sie fühlt sich herausgefordert und ist bereit, den Beweis anzutreten. Jetzt gleich. Sie bittet die Geschwister, sich reisefertig zu machen und sie zu begleiten.

23. Kapitel – 5 Seiten

Schloss Prenn, Frühstücksraum, gleicher Morgen

Patrizia hat gerade ihr Frühstück beendet, als Feli und Alex eintreten. Alex ist etwas überfordert von den ganzen Eindrücken in diesem hübschen Schloss. Er fällt aus allen Wolken, als Feli ihn eiskalt als seinen Verlobten vorstellt. Während Fürstin Patrizia sichtlich schockiert ist, ist er schlichtweg sprachlos. Er lächelt verdattert und versucht gute Miene zum bösen Spiel zu machen, während Feli sich für »ihren Liebsten« mächtig ins Zeug wirft. Alex schielt auf eine Tapetentür, die in den Raum führt, in den die Prinzessin seine Schwester geschickt hat. Alex begreift, was Feli vorhat und beobachtet das Schauspiel gespannt. Patrizia versucht noch, die Sache mit ihrer Tochter unter vier Augen zu besprechen, aber Feli bleibt hart. Diesen Mann hat sie erwählt und entweder die Mutter akzeptiert diesen Schwiegersohn oder sie hat keine Tochter mehr! Weiter gibt es nichts zu besprechen. Patrizia ist verärgert und zeigt das ihrer Tochter auch. Sie ist enttäuscht von Felicitas' Verhalten. In Bezug auf Alex reißt sie sich aber zusammen und versichert, dass sie ihm eine Chance geben wird und ihn gern eine Weile als Gast im Schloss haben

will, um ihn besser kennenzulernen. Das scheint Feli über die Maßen zu erleichtern, sie drückt ihrer Mama einen Kuss auf die Wange und bedankt sich, dann entschuldigt sie sich und Alexander und sie verlassen den Raum.

24. Kapitel – 3 Seiten

Schloss Prenn, Nebenzimmer, im Anschluss
Sarah hat alles mitangehört und denkt nach. Tatsächlich ist es kein Ding der Unmöglichkeit, eine Fürstin mit einem bürgerlichen Schwiegersohn zu konfrontieren. Vielleicht geht es gar nicht darum, adelig zu sein, sondern darum, trotzdem zueinander zu halten. Ihr Bruder und Feli kommen zurück und Alex ist fassungslos. Er gesteht der Prinzessin zu, dass sie ihn beeindruckt habe. Aber das war doch ein etwas makaberer Scherz. Die Fürstin mag vielleicht einen bürgerlichen Schwiegersohn hinnehmen, aber ob sie diesen »Spaß« versteht, bezweifelt Alex. Feli zuckt mit den Achseln und lächelt ihn verschmitzt an. Also, sie würde ihn sofort heiraten und Späße habe sie keine gemacht! Alex starrt sie an. Sarah sieht von einem zum anderen und weiß auf einmal, was sie zu tun hat. Sie leiht sich Felis Auto und verlässt den Raum.

25. Kapitel – 4 Seiten

Schloss Findenburg, Salon, einige Stunden später
Nervös betritt Sarah den Salon. Sie nimmt all ihren Mut zusammen und bittet die Fürsten förmlich und höflich um Verzeihung. Nachdem sie alle Fehler eingestanden hat, blicken Elena und Ludwig sie schon viel wohlwollender an. Sie kann ihnen nahebringen, was es für jemanden, der ohne Stand ist, bedeutet, sich in einen Prinzen zu verlieben. Offensichtlich

stößt gerade ihre Offenheit und Ehrlichkeit hier auf Gehör. Schließlich rät die Fürstin der jungen Frau, den Prinzen aufzusuchen. Der hat nun lange genug Trübsal geblasen.

26. Kapitel – 4 Seiten

Christians Räume, im Anschluss

Christian lässt bitten und sieht Sarah kalt und verärgert an. Wahrscheinlich will sie ihren Job wieder haben und kommt nun angekrochen. Er freut sich auch, sie wiederzusehen und macht sich Hoffnungen, das aber zeigt er nicht. Sarah bittet ihn aufrichtig um Verzeihung und bittet um mehr Verständnis dafür, dass sie sich unwohl im Schloss gefühlt hat. Sie versichert ihm aber auch, dass sie nun bereit ist, für diese Liebe zu kämpfen. Erleichtert zieht er sie in seine Arme und freut sich darauf, diesen Kampf mit ihr gemeinsam aufzunehmen. Er gesteht ihr, dass er sie heiraten und immer mit ihr zusammenbleiben will. Auch sie sagt, dass sie ihn nie mehr verlieren möchte.

4. Auszug aus *Bin ich deine Liebe wert?*

Zweites Kapitel

Sarah staunte nicht schlecht, als sie die blitzsaubere Küche betrat. Der schwarz-weiß gekachelte Boden glänzte mit den Arbeitsplatten um die Wette. Auf dem Herd wirkten sowohl die Gaskochplatten als auch die Induktionsflächen fabrikneu. Der Größe des Raumes nach zu urteilen, könnten die adeligen Gäste auf Prenn wahrscheinlich auch in der Küche tanzen lernen. Die junge Köchin schüttelte fassungslos den Kopf. Das waren Verhältnisse, an die sie sich noch gewöhnen musste.

Es war kühl. Die Schlossküche lag im Souterrain, durch die schmalen Fenster drang wenig Licht und die Klimaanlage lief auf Hochtouren. Das kleinste Salatblatt musste auch im Juli daran gehindert werden, zu verderben. Sarah schmunzelte. Fröstelnd zog sie ihre Kochjacke über ihr dünnes Blüschen, als ein kleiner drahtiger Mann die Küche betrat.

»Da sind Sie ja«, sagte er. »Willkommen auf Schloss Prenn«, fügte er freundlich hinzu. Sarah erkannte ihren neuen Chef auf Anhieb. Die blank polierte Glatze erinnerte die junge Frau irgendwie an den glänzenden Boden, die weiße Kochjacke mit den schwarzen Knöpfen griff sogar die Farben der Kacheln wieder auf.

»Danke«, sagte sie mit ihrer sanften, etwas leisen Stimme. »Ich freue mich hier zu sein.« Das stimmte. Sie freute sich auf ihre Woche auf Schloss Prenn. Nach ihrer Ausbildung zur Köchin in Trier war sie noch auf der Suche nach einer passenden Festanstellung. Mit ihrem Abschluss musste Sarah nicht in mittelmäßigen Gaststätten arbeiten, aber noch hatte die junge Frau nicht das Richtige gefunden. Da kam so eine Woche als Aushilfsköchin ihr gerade recht. Auf Prenn hatte man in den nächsten Tagen mehr Gäste als üblich zu versorgen. Junge Adelige aus ganz Deutschland und Österreich waren zu Besuch, um hier tanzen zu lernen. Fürstens nannten das Séjours, und es war ihnen ungemein wichtig. Sarah hatte sich vorab ein wenig informiert.

»Ich bin übrigens Joseph Karl«, stellte sich der kleine Koch vor. Er reichte ihr die Hand und taxierte sie. Ihre Kochjacke schien seinen Anforderungen zu genügen. Sarah wusste, wonach er geguckt hatte. Die Knöpfe an seiner Jacke glänzten schwarz wie Onyx und das durften ihre auf keinen Fall. Natürlich hatte Sarah Grundt, frisch ausgebildete Köchin und Beste ihrer Abschlussklasse, die richtigen Knöpfe an ihrer Jacke, solche die ihrem untergeordneten Stand entsprachen. Sie waren weiß, Sarah war schließlich nur eine Aushilfe.

»Sarah Grundt«, sagte sie und sah ihn voll Tatendrang an. Joseph Karl reichte ihr eine kleine weiße Haube. »Gut, dass Sie Ihre Haare hochgebunden haben. Sie ist da sehr empfindlich.« Sarah nahm das Häubchen entgegen und setze es auf ihre sorgfältig hochgesteckten, brünetten Haare. »Wer ist sehr empfindlich?«, fragte sie leise, während sie einhändig in ihrer Jackentasche nach Haarklammern fischte.

»Ihre Durchlaucht«, sagte Joseph und der Blick seiner grauen Augen verengte sich, während er auf die große Wanduhr sah. »Sie müsste gleich kommen«, fügte der kleine schlanke Mann hinzu und machte sich geschäftig daran, den bereits einwandfrei hygienischen Herd erneut abzuwischen.

»Was kann ich tun?«, fragte Sarah arbeitsam, als sie die letzte Nadel an ihrer Haube festgesteckt hatte.

»Ich hoffe, das wissen Sie selbst«, sagte da eine schneidend kühle Frauenstimme. Sarah schaute erschrocken zur Tür. Das war die Fürstin. Die junge Köchin hatte bei ihrem Vorstellungsgespräch nur mit der Hausdame gesprochen. Und diese elegante Erscheinung nahm den ganzen Raum, wahrscheinlich die ganze Etage für sich ein und ließ keinen Zweifel daran, dass sie Patrizia Fürstin von Prenn zu Daringhausen war. Joseph warf seinen Lappen schwungvoll über den Wasserhahn und ging mit elastischen Bewegungen ein paar Schritte auf die eben eingetretene Dame zu. Er deutete eine Verbeugung an.

Sarah versteifte sich. Sie tat es ihrem Chef nach und beugte sich etwas vor. Es fühlte sich verkrampft an. Sie kam sich lächerlich vor. Fürstin Patrizias abfälliger Blick bestätigte Sarahs Gefühl. Augenblicklich hatte die junge Frau einen Kloß im Hals. Plötzlich fühlte sie sich nicht mehr sorgfältig genug zurechtgemacht. Aus ihrer Hochsteckfrisur fielen einige Strähnen heraus. Das musste der Dame des Hauses missfallen. Auf deren platinblonden Haupt schien jedes einzelne Haar seinen Platz zu haben. Die Haare der Fürstin waren rund um ihren Kopf geföhnt und die Spitzen berührten sanft das Hermèstuch um ihren Hals.

Ob ich mich nun vorstellen muss?, fragte sich Sarah. Sie hatte keinen blassen Schimmer, wie sie sich dieser Erscheinung gegenüber zu verhalten hatte.

»Das ist unsere Aushilfe Sarah«, kam Joseph Karl ihr Gott sei dank zuvor. »Durchlaucht«, sagte Sarah und es klang wie ein Krächzen. Unendlich peinlich. Sarah spürte, dass sie ein wenig rot wurde und war geradezu dankbar, als Fürstin Patrizia ihr nur ein Nicken schenkte und sie fortan ignorierte.

Die Fürstin kam ein paar Schritte in dem Raum ihre Absätze klackerten auf den Fliesen und Joseph wieselte um sie herum.

»Wollen Sie den Speiseplan besprechen, Durchlaucht?«, sagte er mit einer Stimme, die mindestens zwei Oktaven tiefer klang, als noch vor Sekunden.

»Keinen Spargel, Joseph! Verschonen Sie mich und meine lieben jungen Gäste mit diesem schrecklichen Spargel«, forderte die Fürstin, ohne jemanden begrüßt zu haben. Sie hatte nicht einmal Guten Tag oder Hallo gesagt, bemerkte Sarah irritiert. Joseph nickte beflissen. »Die Spargelzeit ist vorbei, Durchlaucht. Wir werden andere leichte Kost servieren, mediterranes Sommergemüse und Salate. Und für den großen Ball am Samstag habe ich mir Folgendes überlegt.« Er reichte der Fürstin einen sorgfältig auf dem Computer erstellten Speiseplan.

»Mmh«, murmelte Ihre Durchlaucht und überflog das Papier. »Zucchinicreme ... Schwertfischröllchen ... Heidschnuckenbraten ... hausgemachte Pasta ... Heidelbeerparfait ... mmh.« Die Fürstin klang nachdenklich, als sie aufblickte. Sarah bemerkte Josephs Anspannung. Würde die Schlossherrin zustimmen? Er hatte sicher keine Lust, den kompletten Speiseplan zu überarbeiten. Schließlich nickte Patrizia von Prenn zu Daringhausen.

»Sie soll es einkaufen«, sagte sie mit einem Kopfnicken in Richtung Sarah, ließ den Speiseplan achtlos auf die Arbeitsplatte segeln und verließ die Küche. Das Klackern ihrer Absätze auf den Fliesen hallte noch eine Weile nach. Der Speiseplan fand keinen Halt auf der polierten Fläche und Sarah langte nach dem Papier, bevor es auf den Boden fiel. Das alles sollte sie alleine besorgen?

»Wie viele Gäste kommen noch einmal zu dem Ball?«, fragte sie mit ihrer dünnen Stimme.

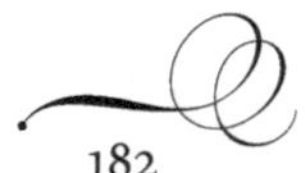

»Einhundert, das ist nur eine kleine Veranstaltung. Aber machen Sie sich keine Sorgen, für diesen Abend kommt noch ein Entremetier und ein Pâtissier. Außerdem hilft das Küchenmädchen beim Einkaufen.« Sarah nickte. Jemand für die Beilagen und noch jemand für das Dessert, wirklich erleichtert war sie nicht.

»Keine Zeit, sich Sorgen zu machen. Heute werden alle Séjoursgäste eintreffen und gemeinsam den Tee einnehmen. Kümmern Sie sich um frisches Teegebäck!«

Sarah krempelte die Ärmel ihrer Kochjacke hoch. Sie war zwar keine Konditorin, doch sie hatte einige Kurse besucht und war gar nicht schlecht in diesem Metier. Überhaupt war sie froh sich endlich auf ein Terrain begeben zu können, auf dem sie sich auskannte. Das gesellschaftliche Parkett, das Fürstin Patrizia umgab, war der jungen Köchin viel zu glatt. In der Küche hingegen war sie gut, und das wusste Sarah auch.

Allerdings hatte Ihre Durchlaucht auch nicht den Eindruck hinterlassen, dass sie leicht zufrieden zu stellen wäre. Das machte Sarah ein wenig Angst. Würde sie diesen hochadeligen Ansprüchen genügen? Sie wollte ihren Job gut machen.

»Alles muss perfekt sein«, sagte Joseph nun auch noch zu allem Überfluss. »Ihre Durchlaucht hat Großes vor. Sie will diesen Tanztee nicht ungenutzt verstreichen lassen!« Sarahs Chef reichte ihr Mehl und Zucker und die junge Frau fragte sich, ob er auf eine Nachfrage ihrerseits wartete. Sie wollte nicht neugierig erscheinen und glaubte, dass es sie kaum etwas anging, welche Gelegenheit Ihre Durchlaucht wie zu nutzen gedachte. Aber Joseph schien gar nicht auf Nachfragen angewiesen zu sein. Er sah sich verstohlen um und beugte sich zu ihr hinüber.

»Sie will ihre Tochter unter die Haube bringen«, sagte der Koch mit gedämpfter Stimme. »Aha«, sagte Sarah unsicher. Sie wollte wenigstens eine Reaktion zeigen. Joseph lächelte verschwörerisch. »Sie hat Angst, dass Prinzessin Felicitas sonst niemanden mehr abbekommt.« Sarah fragte sich, worüber sie sich mehr wundern sollte: über die lieblosen Pläne dieser Mutter oder über den zweigesichtigen Koch – einerseits der erhabenste Diener, andererseits das größte Klatschmaul?

»Man glaubt es nicht«, fuhr Joseph nun fort und flüsterte fast. »Ihre Durchlaucht macht wirklich keinen Hehl daraus, dass ihre Tochter ihren Maßstäben nicht genügt.«

»Aha«, sagte Sarah wieder und lächelte Joseph leicht an. Sie wollte das alles wirklich nicht wissen. Warum erzählte er ihr das? Dass Fürstens offensichtlich etwas anders tickten, hatte Patrizias Auftritt bereits bewiesen und diese Prinzessin würde damit schon umzugehen wissen. Das war schließlich ihre Welt, in der musste sie sich ja bewegen können. Das waren doch nicht Sarahs Probleme und würden auch nie ihre sein. Was sollte sie schon dazu sagen?

»Das mag von außen vielleicht grausam und oberflächlich wirken«, verkündete Joseph nun. »Aber Ihre Durchlaucht handelt wirklich aus Liebe. Sie will das Beste für Ihre Tochter und kann den Adelsstolz nicht ablegen.«

Literatur

Conze, Eckart: *Kleines Lexikon des Adels.* München 2005.

Gräfin von Brühl, Christine: *Noblesse Oblige.* Frankfurt a. M. 2009.

Hiltunen, Ari: *Aristoteles in Hollywood.* Bergisch Gladbach 1999.

Hügel, Hans-Otto: *Lob des Mainstreams.* Köln 2007.

Dettmer, Ute/ Küpper, Thomas (Hg.): *Kitsch. Texte und Theorien.* Stuttgart 2007.

Martinez, Matias/ Scheffel, Michael: *Einführung in die Erzähltextanalyse.* München 2007.

Mittelberg, Ekkehart/ Peter, Klaus/ Seiffert, Dieter (Hg.): *Texte zur Trivialliteratur.* Stuttgart 1971.

Ortheil, Hanns-Josef/ Siblewski, Klaus: *Wie Romane entstehen.* München 2008.

Schemme, Wolfgang: *Trivialliteratur und literarische Wertung.* Ernst Klett Verlag: Stuttgart 1975.

Tintelnot, Renate: *Schreiben zur Unterhaltung von Leserinnen. Über Groschenhefte.* Vortrag an der Universität Hildesheim 1999.

Zimmermann, Hans-Dieter: *Schema-Literatur.* Stuttgart 1979.

»Entweder man hat es, oder man lässt es«, sagte die großartige Renate Tintelnot einmal zu mir. Sie war die erste Heftromanautorin meines Lebens und sie hatte recht. Entweder man hat sie, all die wunderbaren, klugen, erfahrenen Mentoren, Tutoren und Lehrer, die geduldige Familie und die begeisterungsfähigen Freunde oder man kann diesen Ratgeber nicht schreiben – man könnte überhaupt nicht schreiben. Deshalb habe ich zu danken: Prof. Dr. Hans-Otto Hügel für seine Forschungen in der Trivialliteratur und Prof. Dr. Stephan Porombka für die Idee zu diesem Ratgeber. Außerdem Elfie Ligensa, der Erfinderin von *Dr. Stefan Frank* und Grande Dame des Heftromans. Der schon erwähnten ›Fürstin‹ des Metiers: Renate Tintelnot. Dr. Florian Marzin und Ute Müller für eine einzigartige Ausbildung. Ich danke Dr. Christina Gallo und Dr. Andreas Schäfer für das Interview. Meinen Autoren, die unermüdlich schreiben und mir die herrlichen Möglichkeiten des Heftromans Woche für Woche vor Augen führen. Der verrückten Alexandra Müller für ihr sachliches, kompetentes Feedback – wie kann ich das je wieder gut machen?

Und A dankt auch B, weil es kein C gibt und kein D braucht, weil das Leben kein Heftroman ist und A trotzdem an ein Happy End glauben darf!

Die Autorin

Anna Basener hat ihr Studium in Hildesheim mit dem Schreiben von Romanheften finanziert. Laut der ZEIT war sie damals die »erfolgreichste deutsche Groschenromanautorin«. Sie moderiert den Adelspodcast *GALA Royals* und schreibt Bücher, Hörspiele und Theaterstücke. Ihr literarisches Debüt *Als die Omma den Huren noch Taubensuppe kochte* wurde mit dem Putlitzer Preis für den amüsantesten, deutschsprachigen Roman 2018 ausgezeichnet, während ihr zweiter Roman *Schund und Sühne* eine augenzwinkernde Reminiszenz an ihre Anfänge im Groschenroman ist.

Verlagsanzeigen